U0559128

生活因阅读而精彩

生活因阅读而精彩

白芳烨◎著

正能量女孩

细节教育法

中国华侨出版社

图书在版编目(CIP)数据

正能量女孩细节教育法/ 白芳烨著.—北京：
中国华侨出版社,2013.12

ISBN 978-7-5113-4344-4

Ⅰ.①正… Ⅱ.①白… Ⅲ.①女性–家庭教育
Ⅳ.①G78

中国版本图书馆 CIP 数据核字(2013)第307140 号

正能量女孩细节教育法

著　者 / 白芳烨
责任编辑 / 严晓慧
责任校对 / 志　刚
经　销 / 新华书店
开　本 / 787 毫米×1092 毫米　1/16　印张/17　字数/240 千字
印　刷 / 北京建泰印刷有限公司
版　次 / 2014 年 3 月第 1 版　2014 年 3 月第 1 次印刷
书　号 / ISBN 978-7-5113-4344-4
定　价 / 32.00 元

中国华侨出版社　北京市朝阳区静安里 26 号通成达大厦 3 层　邮编:100028
法律顾问:陈鹰律师事务所
编辑部:(010)64443056　　64443979
发行部:(010)64443051　传真:(010)64439708
网址:www.oveaschin.com
E-mail:oveaschin@sina.com

前言
Preface

　　女孩是上天赐予父母的天使，她们天性柔美、温顺、恬静，她们占据了一切美好的字眼。

　　与男孩相比，女孩的阴柔让父母的养育变得更加轻松。女孩生性柔弱，与淘气的男孩相比更加乖巧，她们不像男孩子那样喜欢冒险性的游戏，也不像男孩子那样喜欢打斗、调皮捣蛋，她们更加喜欢漂亮的衣服和礼物，有着较好的自控力。但是，她们的心灵敏感，极易受伤，怕被欺负，怕一个人睡觉，怕老师的批评和同学的嘲笑，她们渴望得到父母的疼爱、老师的表扬、同学的欣赏，她们依赖父母百般的呵护，需要父母格外的关怀、保护和疼爱。父母需要从小给她一个宽松的环境，给她全面而用心的教育，不娇不纵，惩罚有分寸，慢慢地陪伴她成长，而不是代替她成长。

　　教育女儿，除了学习、道德层面的培养，气质上的修炼也是至关重要的。气质是女孩内在涵养的外在体现，一个仪态端庄、充满自信、气质良好的女孩，最能吸引人们的眼球。若一个女孩空有外表，却缺失了气质，也不会引人注目、成为众人的焦点。每个父母都希望自己的女儿是最高贵的公主，有着优雅的气质、高贵的品格、坚强的意志、温柔的性格、广阔的胸怀，那么就需要从小培养她们的气质和品格，为她积攒幸福和幸运的资本。

要培养出一个气质修养俱佳的内外兼修的女孩，本书不可不读。本书共11个细节，分别从"环境"、"品位"、"品行"、"赞美"、"习惯"等几个方面，为家长详尽细致地阐述了父母应该如何在女孩的成长过程中，帮助她们解决心理和生理上可能会遇到的问题，事例丰富，内容生动，让父母通过大量的事例和易于接受的指导，获得正确的教育方式和解决问题的方法，实用性强，深受广大父母朋友的喜爱。

别让女孩输在气质上，从现在开始，培养一个内外兼修的气质女孩，给她一片自由、独立、安全的晴朗天空任意翱翔，相信她将来一定能够创出一片碧海蓝天，人生幸福长安，你终将为她骄傲满怀。

目 录
Contents

细节 06　理智：如何教出不骄不躁、淡定从容的女孩

细节 07　潜力：如何教出心灵手巧、聪明睿智的女孩

细节 11　**自卫：如何教出远离危险、正确自卫的女孩**

细节 1 | 环境：如何教出气质高贵、
人格独立的女孩

尽量带女孩见识繁华世界，开阔眼界，
使她见多识广，更加冰雪聪明。
见多识广的女孩独立、自主、聪颖，
在以后的人生路上懂得如何选择；
眼界开阔的女孩能够抵制诱惑，不贪小利，
这样的女孩不仅端庄优雅，
从内而外还散发出一种独特的魅力，
惹人喜爱。身为父母，
要努力为她营造一个舒适的成长环境。

1.给女孩一个舒适的环境

舒适的环境有助于女孩控制自己的诱惑和欲望。

小贝出生前，爸爸妈妈早早就做好了准备。在一本书上，小贝的父母看到这样一句话："孩子未来的成功与幸福取决于我们营造的环境，而不是所教授的技能。"这句话让小贝的父母深刻地意识到了自己的责任，以后一定要给孩子一个安定、舒适的生活环境。

妈妈为小贝选择的房间是家中最好的向阳的屋子，空气新鲜，阳光充足；爸爸在小贝房间的墙壁上挂了几幅名画的复制品，甚至还在桌上放了一些著名的雕塑工艺品。这些物品非常精美，是很好的艺术品，这让小贝从小就感受到了艺术的气息。

随着小贝慢慢长大，爸爸妈妈开始培养她的鉴赏能力。他们陪她读书，让她听名家的琴曲。虽说没有像古代的小姐那样，让小贝"琴棋书画"面面俱到，但是只要是对孩子性格修养有益的，爸爸妈妈就不惜一切代价为她提供机会。

现如今，小贝已经长大成人，很快就要步入婚姻的殿堂。洋溢在她脸上的，是无比的幸福。小贝的过去是幸福的，现在也是幸福的，而且她深信，自己的未来也一定会是幸福的。小贝之所以会如此肯定，是因为她出生在一个温暖和谐的家庭里，相亲相爱的爸爸妈妈给予了她富足的爱和和美的环境，这是女孩最需要的成长环境，也是女孩幸福、安全感的源泉。

女孩天生不具备男孩身上的阳刚之气，她们天生娇弱，就像刚刚露出嫩芽的小草，需要父母无微不至的关心和呵护。如果父母不懂得怎样呵护女儿，不能够给予她们一个良好的生活环境，那么她们就很难体会到被爱的感觉，从而不懂得去爱别人。

那么，父母在为女儿创造良好成长环境方面应做哪些努力呢？

★ 让女孩在舒适的环境中成长起来

父母应该知道，环境可以塑造一个人，女孩身上所有的品行和能力，都不是从天而降的，而是通过后天不断培养和锻炼得来的。只有让女孩在一个舒适的环境中成长，她们才可以积极地面对未来的生活。由此可见，要想提高女孩抵制诱惑的能力，要想让女孩彰显自身的魅力，父母首先要给她们提供一个健康、舒适的环境。

★ 开阔女孩的眼界

父母如果有空可以常带女儿出去走走，看看大千世界，并教她们一些社会知识。或许有的父母感觉孩子那么小，带她们出去，她们也只会想着玩，很难学到东西。

殊不知，这样的行为不但能让女孩们认识到很多"稀奇"的事物，还能提高她们明辨是非的能力。一个明辨是非的女孩，长大后一定会是一个端庄优雅的女子。

★ 给予女孩无微不至的关爱

有爱的女孩，生活是彩色的；没爱的女孩，生活是黑白的。得到爱的女孩幸福，没得到爱的女孩凄凉；有爱的女孩，一辈子充满自信，没爱的女孩，一辈子尽是怀疑。因此，父母在养育女孩的过程中，一定要给予女孩足够的爱，让她时刻感觉到爱就在身边，永远都不会消失。这样，她才能成长为一个自信、坚强、乐观的优秀女性。

父母们要记住：所有孩子的优秀品行都不是从天上掉下来的，而是相应的环境所培养出来的。女孩子在出生之后，要尽可能地为她营造一个舒适的成长环境，从小使她对生活充满无限的积极幻想。这样，她们在长大成人之后，才会更有品位地生活，从而成为高贵、典雅的小淑女。

2.送女孩一双"水晶鞋"

告诉女孩儿，她是你的"公主"。

在婷婷小的时候，妈妈就经常对她说：我们家的婷婷以后一定是懂事的女孩；婷婷以后一定是个知性的美女；婷婷以后准能当上艺术家……

婷婷妈妈不光嘴上鼓励女儿，在行动上也刻意培养。比如，给婷婷买得体的衣服，告诉她要做个仪表得体的女孩；让婷婷参加一些书法、绘画、音乐等兴趣班，告诉她女性只有多才多艺，才称得上是真正的美女；给婷婷一些零花钱，告诉她不贪图、不吝啬的女孩才是最优秀的。

在妈妈刻意的培养下，婷婷认为自己就是一个好女孩，于是一切行为均按好女孩的准则来做。长大后的婷婷，果然成了一位优雅的善良的浑身散发着迷人气质的优秀女孩。

白马王子是很多女孩曾做过的最美的梦，而"水晶鞋"则是她们最想拥有的礼物。如果父母能够在女儿成长的过程中就把"水晶鞋"准备好的话，那么，在女孩的生命中，她就会一直坚信自己终能美梦成真。

要知道，能穿上"水晶鞋"，是多数女孩子的梦想，但是，父母们要明白，给女儿穿上"水晶鞋"，并不是事事顺着女儿，全面满足女儿的任何要求。如果你什么事都答应她，什么事都顺着她，那么只会把她培养成一个刁蛮、任性的"公主"。

因此，父母不单单是给她穿上"水晶鞋"，而是让她明白自己就是一位美丽的"公主"，从而一切向"公主"看齐，不流于世俗。

那么，给女孩穿上"水晶鞋"需要注意些什么呢？

★ 不能有求必应，凡事要有个度

很多父母认为给女孩穿"水晶鞋"，就是有求必应，尽量给予她最好的物质。然而，你的女儿早晚要独立面对社会。你这样做，只会让你的女儿在未来的竞争中，经不起风吹雨打，缺乏适应环境的能力。

露露小的时候一直处于养尊处优的环境。爸爸妈妈一直把她捧为掌上明珠，要星星绝不给月亮。

后来，露露参加工作后，受不了领导一点指责、朋友的一点不满。于是，整日闷闷不乐，工作不在状态、消极怠工。现在，她辞职在家，当起了"啃老一族"。

所以，在面对女儿的要求时，父母应该综合利弊，有选择地给予。切不可为了培养"公主"，而真的把她当作"公主"。

★ 不要对她的缺点进行掩饰

给她穿"水晶鞋"并不是对她的缺点无原则地容忍，因为掩饰她的缺点只会养成孩子品质上的一些坏习惯。比如，女孩经常高傲地说："我就是公主，你们都要让着我。"父母在知道后，不但不批评，反而还顺着她说："是的，你就是小公主，与平常的孩子不一样。"

这样不顾事实，一味地抬高她，只会让你的女儿离成为优秀的"小公主"的目标越来越远。因此，父母一定要对女儿进行必要的教育，对她的缺点及时纠正。这样，你的女儿才会成为真正的小公主。

★ 不能事事替她安排，给她一定的自主权和自由度

女孩的成长需要父母的帮助，但是并不需要父母包办。因此，父母的任务就是帮助她培养自主能力，而不是帮助她办事，父母有义务让她意识到她能有所成就。而要让她有所成，父母就必须给她一定的自主权和自由度。

曾有一位母亲伤心地说："我女儿学习非常好，可是什么都不会干，只要一有点小病，就催我们带她到大医院去看名医生，嫌小医院水平低不肯去那里。"接着，这位母亲又自责地说，"哎，这不能怪别人，只怪我们在她小的时候事事都替她安排，太把她当作'公主'来培养了。"

父母需要明白，培养女儿需要给她更多的决定权，这有助于发展她的能力。当女儿能自主安排自己的时间、穿什么样的衣服、参加什么兴趣小组，等等，她就会觉得自己享有了自主权。这样，她便会意识到父母给她信任是多么可贵，从而也会明白自己的决定需要自己去承担后果。相反，如果父母帮她作了决定，那她便会感觉无助、被动，开始怀疑自己的能力，从而对什么都没有兴趣，什么都做不好。

因此，父母需要明白，给她一双"水晶鞋"，并不是给予她过度的保护或纵容。因为女孩也是社会的一分子，是一个独立的个体，她也有着自己的观念和判断。相信，只要作为家长的你能够好好地拿捏取舍，那么，你身边未来的她一定会是一个令你骄傲不已的现代女性。

3.让女孩远离物质的诱惑

父母可以满足女孩的物质要求，但不能纵容她贪图物质享受。

张天和妻子经营着一家公司，家庭条件非常富裕。自从女儿出生后，作为父母的他们非常宠爱女儿，只要是女儿想要的，张天从来没有拒绝过。

张天的女儿一直过着衣来伸手、饭来张口的生活。如今，女儿已经十几岁了，可是她几乎连厨房都没有进去过。而且，她在上学期间连自己的鞋带都不会系。

然而，商场如战场，张天夫妇的公司由于资金运转不当倒闭了。这样的打击对于张天夫妇来讲，并不可怕，他们有信心重新再来。可是，女儿的心情却受到了很大的打击，她想要漂亮的衣服，父母已经没有能力买给她了。并且以前有保姆给自己做饭、收拾屋子，现在一切都要自己动手了。由于自己什么都不会，做什么事情都不顺心，她的心情因此变得异常沉闷、孤独，不再像以前那样活泼，有事情也不再和爸爸妈妈说了。

女孩是"千金"之身，因此，很多父母总是片面地理解对女儿的培养就是要用金钱和物质来满足女儿所有的愿望，殊不知，那样只会让她们无法克制心中无尽的欲望，从而沦为物质的俘虏。就像张天的女儿一样，经济的巨大变化让她的物质欲望得不到满足，在面对生活中种种的困难时，缺乏健康心态的她，最终导致情绪走入极端。

在物质生活日益丰富的今天，父母可以满足女儿更多的物质要求。可是，"物极必反"，物质还有可能成为女孩成长过程中的一种羁绊。因此，只有让女孩真正养成良好的心态和性格，她才能抵制住外界的干扰，成为一个不贪图物质享受的善良女子。

其实，每个女孩都有欲望，都想得到更多的东西。有的女孩为了追求物质享受，不惜出卖自己的身体；有的女孩为了满足自身的愿望，不惜拿自己最宝贵的青春作为赌注。而这些都是错误的，这些女孩都被欲望之火蒙蔽了心灵，从而彻底成为物质的俘虏。

父母都希望自己的女儿能够坦然面对未来发生的一切变化，能够抵制外界的诱惑，能够克制自己的欲望。而要想让自己的女儿真正能够做到这样，那么父母就应该在女儿小的时候，就要对其进行细心的培养和教导。

★ 培养女孩良好的心态，杜绝产生攀比的心理

人们常说，男孩最注重的就是面子。其实，女孩更是如此。所以，很多女孩在与朋友谈及家庭时，常常会编一些美好的"故事"。

莉莉是妈妈眼中的小公主，家里所有的人都围着她转。虽然家境一般，但只要是莉莉提出的要求，妈妈就会尽力去满足。

可是，莉莉总觉得自己的父母没有出息，无法给自己一个富有的生活。

有一天，莉莉看到同学买了一个漂亮的名牌书包，就心生羡慕地走了过去。同学看了看她说："你不是常常夸耀自己家多么有钱吗，怎么还用这种普通的书包啊？"

莉莉看了看身后的普通书包，心里顿时来了气，说了句："哼，不就是个破名牌书包吗，我也有，只不过放在家里没有背来而已。"

回家后，莉莉向妈妈提出了买那款名牌书包的要求。妈妈看了看莉莉崭新的书包，就拒绝了她的要求。看到妈妈坚决的态度，莉莉居然冲着妈妈大叫："都是因为你没钱、无能，让我无法和同学一样，可以背上名牌书包。"

女孩有攀比心理是很正常的，如果父母不及时进行教育，那就可能导致很严重的后果：她们会对金钱产生误解，认为金钱是至高无上的。

针对这一点，父母可以和女儿聊聊天，给女儿灌输正确的金钱观，让她知道人活着不只是为了金钱。只有这样，才能够更好地防止她们出现攀比的心理。

★ 营造良好的物质环境和精神环境

心理学家曾经做过一项调查，并得出这样的结论：一个良好的物质环境可以约束女孩的行为，并能让她懂得如何克制自己的欲望。

良好的物质环境并不是让父母在女儿出生的时候，就让她住豪宅、坐名车、吃山珍海味，而是要给她提供一个干净整洁的生活环境。因为这样的环境不仅可以带给女孩一种愉悦的身心，还能养成她的良好习惯。

★ 让女孩知道，有劳才有得

女孩天生喜欢撒娇，而这也是她们想要获取东西的法宝。这个时候，父母就要及时地纠正她们的这种行为，让她们知道这个世界没有可以不劳而获的事情，如果要想得到某种东西，那么就得先付出自己的劳动。比如，在家里可以让女儿做一些力所能及的事，并可以给她一定的"报酬"。这样做是为了让女儿在生活中体会到劳动的乐趣，并让她知道付出才能得到收获。

因此，作为父母你要知道，不能毫无顾忌地给女儿钱。因为这样，只会让女儿成为物质的奴隶。所以，作为父母的你只有给予女儿更多的精神食粮，让她拥有健康的价值观，才能远离物质诱惑。

4.女孩不可娇养

很久以前，有一个公主外出游玩，不小心迷了路，走到了邻国。公主告诉这个国家的人，自己是一个公主。

人们看着浑身尘土的她，谁都不相信她说的话。后来，人们把她送到了皇宫，想让皇宫里的人验证一下。为了证实她究竟是不是一个公主，晚上在帮她铺床的时候，皇宫里的人特意在5层厚厚的床垫子下放了一粒豌豆。

第二天早上，起床后的公主一脸疲倦地向周围人抱怨说："你们国家的床太差了，不知是什么东西硌得我一夜都没有睡好，害得我浑身难受死了。"

这时，整个皇宫里的人都确信，眼前的这个女孩肯定是一位公主。

这个《豌豆公主》的故事恐怕每个人都听过。"豌豆公主"从小娇生惯养，就像是一朵温室中的花儿，娇嫩、艳丽，但却经不起一丝风吹雨打。

作为父母，谁都希望自己的女儿无论在什么环境下都是强者，不娇气、不软弱。然而，很多父母却是尽量满足女孩的各种要求，不惜代价地给她富足的生活，对她的一些坏毛病视而不见。这样的做法，只会把女儿培养成娇生惯养的"豌豆公主"。

诚然，培养女儿是每一个父母应尽的义务和责任，为她打造一个富裕的生活环境无可厚非。但是，一个不能自立，没有抗挫能力的女孩，肯定不能适应如此快速发展的社会。

所以，父母要学会在合适的时候让她吃点苦。因为一个经历适当磨练和苦难的女孩，才会懂得生活的艰辛，才会懂得感激、懂得满足，进而能够形成独立、自强的性格和品性。

那么，父母应当怎么培养高贵而不娇弱的女儿呢？

★ 有意给她设置一些困难

每个人的一生都不是一帆风顺的，都会遇到一些困难和坎坷。现实生活中，很多女孩受不了挫折，这是因为她们的生活总是平平静静，要风得风、要雨得雨，所以一旦遇到困难，就会束手无策，意志消沉导致失败。因此，父母可以有意识地在女儿平时的生活和学习中，为她设置一些困难和障碍。

白梅生活在富裕的家庭中，从小衣来伸手，饭来张口。白梅身体娇弱，虽然读书的学校就在家附近，但是母亲每天还是要开车接送她上下学。一天，体育老师告诉白梅的母亲，说白梅身体很弱，虽然她也很想与同学们一起参加体育活动，但是没活动几下，便会累得气喘吁吁。于是，她就认为自己身体比同学差，从而不参加集体活动。久而久之，她的朋友越来越少，整天躲在教室里形单影只、郁郁寡欢。

妈妈听后，就和爸爸商量，最后决定让家里的车"坏"几天。车"坏"了以后，白梅无奈地只能一个人背着书包走路去上学。在上学的路上，她遇到了附近几个同学，于是他们一路说笑着走到了学校。后来，白梅变得开朗起来，不再让妈妈开车送她上下学，身体素质也明显有了提升。

所以，冰心曾经这样说："成功的花，人们只惊羡她现时的明艳！然而当初她的芽儿，浸透了奋斗的泪泉，洒遍了牺牲的血雨。"因此，培养女儿需要适当地给她设置一些困难，而你所设置的这些"困难"，一定会培养出一个令你骄傲的女孩。

★ 带女儿体验一下穷苦的生活

现代家庭中，养尊处优的小"公主"们很少知道挣钱的辛苦。因此，在对待孩子的要求时，不可盲目地一味给予。无论什么样的女孩，不知道生活的艰辛，吃不得一点苦，都无法在未来社会上更好地生存。

所以，父母不妨给女儿上一堂体会贫穷的课。带她体验一下困苦的生活，从而磨练女儿的意志，锻炼她的耐苦精神。只有这样，女儿才会明白勤俭，才会不那么"娇弱"。

★ 对她进行适当的约束和批评

没有规矩不成方圆，父母对女儿进行适当的管束和批评是十分有必要的。虽然，女孩天生就稳重，但是在她的成长过程中，也需要纪律的约束和恰当的批评。如果在她犯错时，一味地对她迁就，那么她在长大后就会很难融入复杂多变的社会。在受到约束和批评时，女孩当然会感到不愉快。不过，时间长了，她就能明辨是非，知道什么是可以做的，什么是不可以做的，而这对于女孩的健康成长是非常有利的。

总之，父母应该明白，对女儿绝不能娇惯。逆境造人，只有让她适当地吃点苦，那么她在长大后，才能积极健康、乐观向上。

5.让女孩知道金钱不是万能的

父母在为女孩创造舒服的成长环境时，要警惕不能把她变成"拜金女"。

阿晴的爸爸是房地产开发商，家境非常富裕。阿晴从小娇生惯养，是家里的"天之骄女"。一天阿晴愁眉苦脸地回到家里，向奶奶抱怨说："奶奶，我在学校和同学吵架了，她说我是个让人讨厌的人。难道我真的是一个讨厌的人吗？"看着小孙女哭得梨花带雨，奶奶赶忙安慰她："阿晴不哭，奶奶有一个办法，一定会让你交到很多好朋友的！"

那天之后，奶奶让阿晴每天去上学的时候都带很多钱，课间的时候去小卖部买回很多的零食请同学一起吃。试想，哪个八九岁的孩子可以抵挡得住零食的诱惑呢？这下，阿晴立刻成为了班里的"风云人物"。很多同学和阿晴的关系变得亲密了起来，以前他们很不欢迎阿晴加入他们的游戏队伍，可是现在很多人都会主动地拉着阿晴去玩。阿晴心里对奶奶佩服极了，奶奶得意洋洋地说："乖阿晴，看到了吧，这就是所谓的拿人的手短、吃人的嘴软，同学们在你这里得到了好处，他们自然会把你当成朋友了。"

但是，没过多久，阿晴就发现事情并不像想象中的那样美好。语文老师给大家布置了一篇《我的朋友》的作文。刚开始，阿晴还在偷乐，心想这次一定会有很多人把我写进作文里。可是，等到讲评作文的时候，阿晴吃惊地发现，平时那些围着她转的同学竟然没有一个人写她，拿她当真朋友，这让她感到特别地伤心难过。

　　阿晴的爸爸得知这件事之后跟女儿说："阿晴，你为什么一定要用金钱去收买你的同学呢？生活中，我们虽然可以用钱买到许多东西，但是也有许多东西是钱买不到的，如朋友、亲人。你想要朋友，就要用真心去换。只有为朋友着想，在朋友需要帮助的时候给予帮助，这样他们才会愿意做你的朋友。"听完爸爸的一番话之后，阿晴用力地点了点头，她再也不觉得金钱无所不能了。

　　毫无疑问，金钱的威力是无比巨大的，我们生活的各个角落，我们的衣食住行处处都离不开金钱。而孩子也知道，爸爸妈妈有了钱就可以给自己买好玩的玩具，有了钱就可以买漂亮的衣服，有了钱就可以去游乐场，有了钱就可以外出旅游……就连例子中的奶奶都认为用金钱买来的各种零食，可以为自己的孙女赢得友谊。

　　但是，现实给阿晴好好地上了一课，让她真正懂得了，金钱并不是万能的，有些东西，用钱是永远买不来的，比如朋友。其实，很早以前就有人说过这样一段深入人心的话：

　　金钱可以买来豪华别墅，但买不来幸福的家庭；金钱可以买来精美的闹钟，但买不来已经逝去的时光；金钱可以买来舒适的大床，但买不来优质的睡眠；金钱可以买来顶尖的教育，但买不来聪明的头脑；金钱可以买来珍贵的礼物，但买不来纯洁的友谊；金钱可以买来完善的医疗服务，但买不来健康的体魄；金钱可以买来地位，但买不来人们发自内心的尊重；金钱可以买来他人的服从，但买不来他人的忠诚……

　　由此可见，作为父母，虽然有义务让女儿从小过得舒适快乐，但也要小心，千万别让自己家的乖乖女成了唯利是图的"拜金女"。

★ 告诉女儿，金钱并不是万能的

还记得阿晴爸爸那番语重心长的话吗？要想让女儿正确认识金钱的作用，我们就一定要让女儿明白在这个世界上还有很多金钱无法到达的盲区。金钱并不能够解决世间的一切问题，有钱的人依然要承受种种人世的无常。因此，要想生活得幸福快乐，最重要的，还是要让自己变得更优秀。

★ 用真情冲淡女儿的"拜金情结"

正所谓"金钱有价，情义无价"。父母要让女儿明白，虽然一个人不能太过贫穷，但是也不能让金钱成为生命的全部，除了金钱还有很多值得珍惜的东西。如：亲情、友情以及成年之后将会得到的爱情，这些都不是金钱可以取代的。如果拥有它们的时候不懂得珍惜，一旦失去，就算有再多的金钱也无法挽回了。

★ 让女儿树立远大的理想

在女孩成长的道路上，理想是对抗女孩"拜金情结"的法宝。父母只要能够帮助女儿发现自己的特长和兴趣爱好，帮助女儿树立远大的理想，让她明白除了金钱，她还应该有更高的追求。那么，当女儿有了理想的时候，她的生活就会变得更加充实。因此，父母应该让女儿懂得，人生真正的价值在于实现自己的理想，而金钱，只不过是追逐理想过程中的一个工具罢了。

★ 不要过分贬低金钱的作用

金钱虽然不能买到世间的一切，但是谁也无法否认金钱对于生活的重要意义。在教育女儿的时候，我们不能因为金钱本身的局限性就把其批评得一无是处，而应让女儿明白，金钱是物质生活的基础，它可以让生活变得更加美好。要知道，我们的目的是要让女儿幸福快乐，而不是要把女儿变成不食人间烟火的"小龙女"。

细节 2 | 品位：如何教出气质优雅、
　　　　光芒四射的女孩

女孩的气质体现在外表以及涵养上，

女孩的吸引力取决于她品位。

优雅气质能够让一个女孩具有魔法般的吸引力，

有品位的女孩温文尔雅、楚楚动人。

培养优雅的气质需要由内而外、长期的修炼。

1.培养女孩的高贵气质

一个坦然自若的女孩，一定乐观豁达。

钱女士是一个并不富有的妈妈，她没有能力给女儿买漂亮的衣服，也没有能力给女儿买高档玩具，然而，在教育女儿方面她却有一套非常好的方法。

在生活中，钱女士要求女儿仪表要整洁干净，还经常和女儿谈心，在女儿困惑时告诉她怎样做更好，怎样做不可取。有一次，钱女士的同事在图书馆碰到了钱女士，见她带着年龄不大的女儿，便问："你来图书馆怎么还带着女儿啊?"钱女士笑笑："我想让她从小就学会阅读，学会不断地汲取知识。"

在衣着方面，虽然钱女士买不起高档的服装给女儿，但是她却在女儿很小的时候，就教女儿针织，还有一些手工活。这样，女儿虽然穿的很平凡，但是每一件衣服都能够获得别人的赞赏。

在周围人的眼中，钱女士的女儿就是一个标准的"小淑女"，是很多人眼中的"公主"。

在实际生活中，很多父母正为怎样将自己的女儿培养成淑女而发愁。那么，女孩的高贵气质从何而来呢? 有的人认为气质来自美丽的容颜；有的人认为气质来自"窈窕"的身材；有的人认为气质来自于像古代大家闺秀一样的安分守己；有的人则认为气质从心而来⋯⋯

一个具有优雅高贵气质的女孩，一定是一个端庄贤惠、聪慧贤淑的女孩，一定也是一个充满自信和自尊的女孩；而一个具有坦然自若气质的女孩，一定也是一个内心充满阳光、乐观豁达的女孩。

那些所谓的高贵气质并不是与生俱来的，而是通过后天精心培养得来的。每一个父母都希望自己的女儿拥有动人的容颜、优美的身姿。然而，这一切对于女孩来讲并不是最重要的。一个女孩最重要的是气质——优雅的言谈举止以及举手投足之间洋溢的美妙。因为容貌和身材是女孩与生俱来的，这和遗传有一定的关系；而气质则犹如一棵万年青，要想经久不衰，就应该不断地修剪，如此才能吸引更多的人关注。

那么，父母应该怎样做，才能培养出女儿身上的高贵气质呢？

★ 妈妈带头做好榜样

对于女儿来讲，妈妈就是一面镜子。所以父母要想培养出优雅的"小淑女"，妈妈就要言传身教，时刻注意自己的言行。如果你是一个大嗓门的妈妈，那你的女儿就不可能是燕语莺声；如果你做什么都无所顾忌，那你的女儿也不可能思前顾后。

多多家今天来客人，是爸爸的同事，多多见家里来了很多客人，便活蹦乱跳，不停地在客厅大喊大叫。这令爸爸的很多同事不解，他们不太喜欢这个"假小子"。

多多的妈妈做好饭后，叫大家吃饭，爸爸的同事才明白到底是什么原因使多多变成那样的了："吃饭了！"多多的妈妈说这句话声音极大，客人们不禁吓了一跳；用餐时，饭桌上无形间好像多了两个喇叭……饭后，多多爸爸的同事迫不及待地离开了。

要想培育出气质优雅的淑女，妈妈就一定要先做好榜样，如果妈妈是一个大方得体的女人，那么女儿的言行举止间也会展现出高贵的气质。

★ 教会女孩懂得文明礼仪

中国自古以来就有"礼仪之邦"之称，礼仪在中国人交往中非常重要。在培养女孩气质的方面，礼仪不容忽视。一个懂得礼仪的女孩才会惹人喜欢，也才会显得更加高贵优雅。

在影剧院里，两个中年男人对一个年轻人说："你的女儿怎么可以在影剧院里乱叫，如果她不想看，你可以让她在外面自己玩啊。"话音刚落，一个恶狠狠的声音就出现了："我们付了钱，想在哪里玩就在哪里玩，你们干吗管那么多！"最后，两个中年人无奈地离开了。

看完这则小故事，我们不得不沉思，到底是什么让这个年轻人这样容忍女儿的不礼貌，甚至自己也恶语攻击他人？人们常说，父母是孩子的第一任老师，相信女孩之所以会那么没有礼貌，是因为自己父母的娇惯或者是父母没有做好榜样。

因此，为了让你的女儿在今后的道路上不碰壁，为了增加女儿身上的涵养，作为父母的你必须培养她的礼仪习惯。比如，在别人说话的时候，告诉女儿不可以随便插嘴；在女儿影响到他人或者打扰他人的时候，教女儿主动道歉；当女儿吃完零食乱扔垃圾的时候，要告诉女儿不可以乱丢垃圾……

★ 带女孩走出"封闭的王国"

当你要出门办事时，女儿却一直闹着要和你一起去，你是怎样处理的？当你的女儿不乖，跟你撒娇的时候，你是怎样对待的？有的父母或许会因此感到厌烦，对此，父母没有必要烦心，应该学着带她走出"封闭的王国"。

在闲暇的时候，父母可以带女儿走亲访友，不过在路上的时候要向女儿介绍造访的对象；如果公司有什么活动可以带家属，也不妨带女儿去，让她接触更多的人和事……这样做不仅可以提高女孩的交际能力，让她的视野更加开阔，无形间还会让她变得更加自信。如此，一个落落大方的"小淑女"就诞生了。

2.告诉女孩什么是优雅

一次，张女士和几个朋友聚餐，她准备带上女儿一起去。出门之前，张女士千叮咛、万嘱咐女儿，一定要懂礼貌，不可乱讲话……

可是在餐桌上，女儿却表现得很不雅观，自己喜欢吃的菜直接拉到面前，吃起饭来更是狼吞虎咽。

见此，张女士很无奈地说："你慢点吃，不能把你喜欢的菜都放自己前面，你看别人都没办法吃了，不能这样没礼貌……"还没有等张女士说完，女儿就大嚷道："我才不管，我就要这样。"

虽然朋友都表示说孩子还小，不用太在意，但是，张女士还是觉得非常的尴尬。

英国教育家斯宾塞曾经说过："礼仪修养是一个人全部品德的基础，不礼貌不文明的行为，既不利于孩子自身的发展，也严重危害孩子的品性。"

对于女孩来说更是如此，拥有优雅的举止对于女孩是非常重要的，一个女孩平时的举手投足可以淋漓尽致地表现出她是否具有淑女气质。

一个女孩身上的优雅气质就如同一件漂亮的衣服，它能够让一个女孩具有强烈的感召力，甚至具有魔法般的吸引力。所以说"小淑女"已经成为很多父母培养女孩的目标。

一个懂得礼仪的女孩，她的内心是纯净的，在她的心中有水晶一样的快乐，有任自己遨游的蓝天。她就是幸福的、快乐的、惬意的。

然而，在生活中，一心培养女儿懂礼仪的父母，往往会发出这样的抱怨："我女儿平时看上去还挺优雅的，但你只要惹着她，她就会发疯一样地大发雷霆、大喊大叫，甚至还会摔东西。""我女儿怎么比男孩还调皮，疯疯癫癫，跳上跳下，没一刻安宁。"……

面对如此困扰，父母们怎样做才能塑造出小淑女呢？父母要明白，孩子优雅的言谈举止不是与生俱来的，是需要父母不断努力才能培养起来的。

★ 父母要注意自己的言谈举止

要想让自己的女儿拥有优雅的举止和修养，父母首先要做出一个好榜样，对自己的言谈举止、服饰仪表以及待客之道等都得万分注意。

阳阳是个非常惹人喜爱的女孩，每次家里来客人的时候，她都会像女主人一样"招待"客人。

每当客人问她："阳阳真乖，你怎么会做这些啊？"

这时，阳阳就会很优雅地笑笑："因为我看爸爸、妈妈就是这样做的啊，慢慢地我也就学会了。"

★ 让细节告诉女儿"优雅的举止是什么"

"女孩要有女孩样，要文静。"这是很多父母经常会对女儿说的话。然而，这样的说教似乎有些空泛，因为教育只有在实践中才能取得更好的成效。

所以，培养女孩懂礼仪，父母最好具体地告诉女儿在什么样的场合下，应该有什么样的行为举止，这远比空洞地告诉她"要有女孩样"有效得多。

此外，培养女儿优雅的举止，父母还可以借助一些图书、电视等媒介来帮助自己解决问题。比如，在空闲的时候可以陪女儿看有关礼仪方面的图书，并一起探讨、研究，最好选择简单易懂且带有图片的书籍；父母还可以让女儿看一些有关的少儿节目。

★ 告诉女儿餐桌上的礼仪

一个懂得餐桌礼仪的小淑女无论在任何场合就餐，都会显得非常有教养，这同时也是很多父母所期待的。

若想让自己的女儿成为餐桌上的小淑女，父母就要在生活中采取一些措施。比如在平时就餐的时候，要多与女儿讨论，怎样的坐姿和吃相才显得端庄；也可以给女儿来个"现场直播"，告诉她餐桌上怎样坐、怎样就餐才会更有素养。

虽然生活中父母不能让自己的女儿像军训中一样，坐得笔直。但是，也不能让女儿像软骨头一样瘫倒在餐桌上。

★ 让女儿"站有站相，坐有坐相"

"站有站相，坐有坐相"是每一个小淑女都具备的一点，这不仅有利于女孩的身体发育，还彰显了"小公主"的优雅、婉丽。

有一位很有名气的礼仪小姐，不过她在小的时候却是一个典型的"假小子"：站没站相，坐没坐相。后来母亲就教育她说，女孩子应该做淑女。后来，每当她翘起二郎腿时，母亲就说："女孩子坐着是不可以跷腿的，要将双腿并拢侧放，手自然地放在膝盖上，这样才显得大方得体。"母亲边说边给她耐心地做示范。从那以后，这位"假小子"慢慢地改正了不好的习惯，成为了举止得体的"小淑女"。

其实，不仅是坐的时候，女孩在站立的时候也应抬头挺胸，脚尖并拢成"V"字形。在正式场合不可两手叉腰或者环抱于胸前，这是很不礼貌的表现。

当父母将这些"营养"灌输到女儿的体内和生活中时，你的"小淑女"便会就此诞生，多年以后她一定可以出落成一个举止优雅、谈吐大方的优秀女性。

3.教女孩学会穿衣技巧

外表得体的女孩总是让人赏心悦目。

茹茹是一个活泼开朗女孩，但是她却不懂得如何打扮自己，总是把自己装扮成假小子的样子，留着短发，衣服也总是偏中性的。对于茹茹的打扮，她的妈妈也从来没有干涉过，因为妈妈自己也不爱打扮，她认为一个注重打扮的女孩，容易成为爱慕虚荣的人。她还经常对女儿说："衣服只要能穿上就可以了，根本没有必要去在意淑不淑女。"

等茹茹上了初中后，和自己一起长大的同伴都如同出水芙蓉一般亭亭玉立，简直就是标准的淑女。而茹茹却仍像小时候一样，穿着宽松的运动服，头发短短的，走起路来手还插在裤兜里。

有一次，茹茹和几个男生打闹说笑。当茹茹举起拳头要打一个男孩时，那男孩气冲冲地说："你看你，穿的像一个男孩，说话也大大咧咧，一点都不像女生。"听了同学的话，茹茹不知所措，面红耳赤地离开了。

茹茹是一个活泼的女孩，只是在穿衣打扮上还没有形成正确的审美观。女孩在小的时候，父母或许不会在意她穿什么，但是当女孩长大后，如果仍然对穿衣打扮没有丝毫顾忌，这时别人就会开始注意并大肆谈论了。这时候，别人的指责和说辞或许会对女孩产生一种压力，而这不仅会影响女孩的交际，还会影响女孩以后的婚姻。

所以说，作为父母，不仅要让女孩举止优雅、谈吐不俗，还要让女孩学会在不同的场合选择适合自己的衣服，穿出自己的个性，展现自己的气质。一个外表令人愉悦的女孩，是很容易被人接纳的，她们的身上始终有一种独有的气质吸引着人们去靠近她们。

那么，父母应该怎样培养女孩的着装技巧呢？

★ 抓住女孩爱美的关键时刻

我们发现，很多女孩长到一定年龄的时候，总是偷偷地穿妈妈的高跟鞋，喜欢穿着各式衣服在镜子前走来走去，有时候还经常进行"自拍"……其实，这就是孩子审美观形成的关键时刻，也就是女孩的"审美敏感期"。这个时候，父母不用担心，只需要正确地引导就可以了。

有专家指出，女孩在三岁以后，她们会不顾一切地想得到自己喜欢的东西，从不考虑是否适合自己；而对于自己不喜欢的，则碰都不碰。比如下面的例子：

王先生的公司要举行一次郊游，王先生为此给 5 岁的女儿买了一件非常贵的衣服。但是，当女儿看到这件衣服的时候，直接就扔在了地上："这是什么衣服啊，我才不穿呢。让我穿这样的衣服去郊游，那我还不如不去呢。"

王先生很和蔼地说："宝贝，听话，这可是爸爸花了好多钱给你买的哦。"

"不，这么丑的衣服，我才不要穿呢。"女儿仍旧很生气地说。

父母在面对这样的事情时，不必太紧张，可以从日常生活中的点点滴滴入手，帮助女孩树立正确的审美观。当女孩打扮得非常怪异时，你可以说："今天天气真不错，人要是穿一件鲜艳的衣服应该更精神。"当然，前提是父母自身的穿着不能让女儿抓到把柄。

★ 传授女儿正确的衣着搭配法

父母在教育女孩如何穿衣打扮的过程中，要明确地给女儿指出衣着打扮的重要性，让她明白在不同的场合，应该选择不同的着装。

在平时空闲的时候，父母还要经常和女儿沟通。在聊天的过程中，告诉女儿哪些衣服不可以穿出门，哪些场合适合穿什么样的衣服，或者还可以给女孩买一些书籍、影碟等，让她通过书籍和电视发现生活中的"美"。

★ 对于女孩穿衣，说教点到为止

女孩三岁之后就已经有了自己的审美观点，她们希望通过自己的眼光选择适合自己的衣服。这个时候，父母千万不要有太多的说教，因为过多的说教只会让女孩失去判断力，没有了主见。

在生活中，当你看到女儿不得体的穿衣打扮时，要坦然地面对，静下心来和女儿好好地说。在提出自己建议的时候要杜绝"不允许"、"不准"之类的强硬词语，因为这样的词语只会让她们没有主见，失去了自我意识。

其实，无论是在哪一方面，给予孩子最好的礼物就是鼓励。在穿衣方面同样也是如此，父母要学会先认同女孩的观点和搭配，然后再提出自己的建议，委婉地引导女孩，让她们从小就做一个学会自己穿衣打扮、有主见的女孩。

4.帮助女孩正确审美

在生活的点滴中建立女孩的审美能力。

周末晚上用餐时，妈妈喊平平吃饭，但是平平却大叫："妈，等一下，我想给你个惊喜。"

几分钟后，妈妈来到平平的房间门口，大声地说："赶快出来，饭菜都凉了。"

这时，房门猛地被拉开了，平平从房间里走了出来。当妈妈看到平平的样子后，差点晕了过去。平平两个嘴唇涂得血红，脸蛋就像用面粉胡乱地抹在上面，而眉毛则画得又黑又粗，头发也像被鸡刚刨过一样。

妈妈反应过来后，大叫一声："天啊，我还以为遇到妖怪了呢！你这是做什么，想去演《西游记》吗？"

这时，坐在饭桌边的爸爸也非常气愤地说："你看你，小小年纪还给自己化妆，就像一个妖精，赶紧去洗掉。"平平听后，差点哭了起来，忙跑到卫生间将脸上的妆扮洗掉了。

三天后，平平的爸爸接到一个电话："我是平平的班主任，我们要表演节目，但是平平死活都不化妆，说化了就成妖精了。"

女孩天生爱美，爱美可以让一个人形成高尚的情操，从而愉悦精神、美化心灵和启迪智慧。因此，当你的女儿知道爱美后，千万不能像例子中的父母一样，粗鲁地横加指责。如果你不分青红皂白，胡乱地批评她，那么你的女儿肯定会对美的理念产生错误的观点。相信，你也不希望自己的女儿长大后成为一个假小子吧！

所以，请好好培养你女儿的审美能力吧！因为一个具备正确审美能力的女孩，举手投足间都会展现她的高贵气质。要想培育出一个具有优雅气质的女孩，那么父母就一定要注重从小对女儿审美能力的培养，在生活的点滴中建立女孩的审美能力。

每一个父母都希望自己的女孩将来能够幸福，能够成为知性女性。而要做到这些谈何容易？现在的很多孩子，很少有机会去接触大自然，他们看不到自然的美，因而也感受不到什么是美。对于她们来说，审美观似乎是那么遥不可及，而这些则表现在她们在选择衣服或者化妆品的时候，大多犹豫不决、不知所措。

因此，作为父母，不能忽视对女孩审美能力的培养，因为只有具备了正确的审美观，女孩才能够在纷繁复杂的社会中保持一份纯真，保留一份自尊和自信，不致被外物轻易诱惑。

由此可见，审美能力对女孩的重要性。那么，父母要怎样做才能培养女孩的审美能力呢？

★ 要懂得尊重女孩的审美观

女孩到了三岁以后，就开始有审美观的萌芽，只是这时的审美观还不够成熟、完善。但这个时候，父母千万不要进行粗暴的干涉，否则，女孩审美观的形成就会受到阻碍，甚至形成偏差；长大后，她的审美能力同样难以达到较高的境界。

对于这个年龄段的女孩，常常有父母抱怨说：

"哎，我们家的小姑娘才两岁多啊。现在天气可冷呢，可她说什么都要穿裙子。"

"是啊，我家那个丫头穿着我的高跟鞋满屋子走，说什么也不听。"

"可不是，我家那个更过分，拿我的口红当眼影，涂得像个大花猫。"

正如父母所描述的一样，处在审美敏感期的女孩子，会突然对美产生很多的想法和理解。如果父母发现你的小公主有追求美的倾向，那就要恭喜您了，因为您孩子的审美敏感期已经到来了！

从心理学角度来讲，从审美敏感期开始，女人的一生都会一直处于一种对美的探索中。这个时候，如果父母对女儿的审美观进行正确的指导、引导、鼓励，那么你的女儿就极有可能成长为一位审美能力极高的美丽女孩。

因此，父母对于女儿的审美态度直接影响到女儿的成长，以及她对美的追求。所以，父母在面对女儿不够成熟的审美观时，千万不要强力地制止，而应该适当地予以鼓励和正确的引导。只有这样，女孩才可能形成正确的审美观，才可能为她的气质加分。

★ 给女儿更多创造美的空间

在女孩的心目中，相信芭比娃娃是一件她不可或缺的玩具，有的父母感觉给女儿买这种玩具不仅浪费钱财，还会耽误女儿学习。其实不然，芭比娃娃不仅是玩具，还可以成为提高女孩审美能力的工具。

在给女孩买了芭比娃娃后，父母可以引导女儿为娃娃换衣服，告诉她："宝贝，你试一下，看看这个娃娃穿哪一件衣服才好看。"这时候，父母就已经给了女儿空间，接下来就让她自己去动手发挥了。父母还可以让女儿试着给娃娃变换一下发型，看怎么样才最好看。当女儿学会了给娃娃穿衣打扮时，也就学会了如何打扮自己，如何让自己更有气质。比如在头上扎个蝴蝶结，戴着红色发卡……这时候，你就会发现，你的女儿越来越具有审美能力，越来越漂亮了。

★ 让艺术和自然给予女孩审美的"能量"

很多不具备审美能力的女孩，大多是因为自己做惯了"宅女"，很少接触自然。作为父母，一定要懂得运用身边的资源为女孩的审美能力补充营养。

在周末的时候，父母可以带着女儿去一些高雅的场所，比如音乐厅、美术展览馆；或者找机会带着女孩去旅游，让她充分地接触大自然；除此之外，父母还可以买一些艺术修养方面的书籍给女儿，并努力成为女儿的良师益友，为她耐心地讲解。

5.女孩锻炼谈吐的"黄金阶段"不容错过

语言得体的女孩儿惹人爱。

秋涵即将大学毕业，但是她读书十几年，却没有一个要好的朋友。这一切就是因为她不懂得说话的场合，不懂得什么话该说，什么话不该说。

有一次，她的家人给她介绍了一个男朋友。两个人见面后，男士很优雅且绅士地邀请秋涵喝咖啡。秋涵非常开心，两个人起初相处还很好，但是最后却不尽如人意。"你的爱好是什么呢？平时你们女生都在宿舍忙什么啊？"听了男士的问话，秋涵不禁来了兴趣，二郎腿一翘："我们平时就谈论以后怎样让男人成为女人的奴隶……你不知道，我们班那个谁……我真想扁他一顿。"

秋涵的不雅行为以及粗鲁的话语让男士大跌眼镜，摇着头叹着气地走了。

塞德兹曾经说过："人如同陶瓷器一样，小时候就会形成一生的雏形。人在幼儿时期就好比制造陶瓷器的黏土，给予什么样的教育就会形成什么样的雏形。"由此，我们不难看出，父母给予孩子的不仅是盛名，还有孩子的人格以及品质。

身为母亲，相信你应该明白，每个女孩都希望自己能够成为万人瞩目的焦点，而想要达到这样的效果，优雅的谈吐是必不可少的。

一个谈吐优雅的女孩不会随便打断他人讲话的；一个谈吐优雅的女孩，在用餐的时候，会时刻谨记餐桌礼仪，不会做出不雅的事情；一个谈吐优雅的女孩，在接人待物的时候总是不卑不亢；一个谈吐优雅的女孩，"谢谢""请"就是她们最有力的武器……总之，作为女孩，只有具备了优雅的谈吐，才可能成为小淑女，才能够让自己在未来具有超凡的魅力。

然而，在生活中，却有很多女孩不注意自己的谈吐，她们喜欢随心所欲，想到什么就说什么，从来不顾及场合和他人的感受。

每个母亲都想让自己的女儿成为谈吐优雅的小淑女，因为谈吐优雅才可能使女孩更有气质，才可能使女孩更具有内涵，也更受到他人的喜欢。如果一个外表漂亮的女孩，开口全是脏话，她的形象以及气质就会大打折扣，从而得不到他人喜欢。但即使一个外貌一般的女孩，只要她谈话彬彬有礼、温文尔雅，那么别人也会对她称赞不已，使她并不逊色于那些漂亮的女孩。

所以说，高雅的谈吐可以彰显女孩的内心世界，可以让女孩的魅力和气质展现得淋漓尽致，让周围的人刮目相看。但是，作为父母，到底怎样才能培养女儿高雅的谈吐呢？怎样才能让女儿"说"出自己的气质呢？

★ 女孩谈吐礼仪培养的"黄金阶段"不容错过

女孩在小的时候特别想说话，如果细心观察就会发现：当爸爸妈妈在讲话的时候，女孩会依偎在大人的怀中，饶有兴趣地听着，冷不防地就会冒出一个词语。年幼时期，是女孩学习说话的"黄金时期"，而父母要想培养女儿优雅的谈吐，就必须充分利用好这一时期，在这一时期多花工夫培养女孩的语言才能。

珠珠在一岁的时候，就已经有了说话的倾向。她的父母意识到说话的重要性，于是在这个时期，特意教女儿一些简单的词，比如"爸爸""妈妈"

"爷爷"……当别人给珠珠东西的时候，他们还会教女儿说"谢谢"；当送别客人时，他们会教女儿说"再见"等礼貌用语。珠珠长大后，便成了一个有礼貌、谈吐优雅的女孩，为此老师和同学都非常喜欢她。

★ 让女孩形成正确的说话态度

一个人说话的态度会直接影响对方的情绪。所以女孩在与别人交谈的时候，要具备诚恳的态度：在谈话的过程中不要喋喋不休，也不宜沉默寡言；举止要优雅大方，不能扭捏羞涩；不可以随意打断别人的谈话，要懂得尊重别人。

要想拥有这些正确的言行，父母就要从小开始培养女孩，比如可以经常和女儿聊聊天，告诉她一些谈话中的常识：在与别人谈话的过程中，不可以东张西望，要平视对方的眼睛；在说话的时候，要注意自己的语速、语调，说话的内容同样也要适合当时的场所，不要不分场合乱说一气。

★ 父母的提示和表扬必不可少

女孩在刚刚学会说话的时候，可能会因为考虑的少而无意间申冒犯别人。这时候，父母千万不要责骂女儿，而应该给予她一定的表扬，最后再正确地引导女孩如何去说。如果一味地责骂，那只会让女儿以后惧怕讲话，使她对说话产生极大的反感，甚至长时间陷于情绪的低潮。

同时，父母在平时说话的时候，也要改变自己的一些说法。比如，当你看到女孩在吃饭的时候狼吞虎咽，你就应该将"你真没有教养，吃饭的时候慢点不行啊？"之类的话摒弃，改为"我们家的规矩好像是女孩吃饭要淑女哦！"这样的说法会让女孩更容易接受，而不致产生反感。

当你能真正做到以上几点，那么你的女儿肯定会是一个小淑女，长大后也一定会是一个温文尔雅、气质非凡的女子。

6.让音乐陪伴女孩成长

经过音乐的熏陶，女孩会变得更加灵动。

微微是一个很有音乐天分的女孩。在小的时候，妈妈就发现了微微的这一特长，所以在上学的时候，妈妈就让微微报了音乐特长班。微微本就喜欢音乐，又加上妈妈和老师的几次赞扬，于是对音乐更加痴迷了。

每次家里开饭时，微微都会打开家里的音响，播放许多著名的乐曲。一段时间后，微微变得非常的灵动，每当她沉浸在音乐中时，脸上都会洋溢出幸福的微笑。

很多研究都表明，音乐可以使一个人更加灵动，可以涤荡一个人的心灵，可以使烦躁的心暂时远离世事的喧嚣，进而体味生活的美好和生命的真谛。

当一串串美妙的音符不断地流出的时候，我们的心情也会随着音符的激荡而心潮澎湃，最后获得精神上的愉悦和乐趣。对于女孩来讲，音乐更是起着不可估量的作用，因此它能使女孩深切地感受美妙的境界。一个在音乐海洋中成长的女孩，她的心灵是不会被外物所污染的，无论世事如何变迁，无论岁月如何流逝，她始终拥有一颗平淡的心。

著名作曲家、音乐评论家德彪西曾经这样评价音乐："音乐是热情洋溢的自由艺术，是室外的艺术，像自然那样无边无际，像风、像天空、像海洋。"

一个具有音乐鉴赏能力的女孩，能在多变的人生中展现自己的才能，从而可以排除外界的干扰，提高自身的灵动性。音乐不仅可以使女孩烦躁的心情平静下来，还可能提高女孩自身的修养，让她们具备一种独有的气质，具有一种迷人的芬芳。但是，这种音乐的鉴赏力不是与生俱来的，它需要在艺术世界中不断地培养和修炼。

所以，父母在培养女孩的时候，不妨让音乐伴随女孩成长，为她们人生的幸福增添砝码。

可是，或许有的父母会这样说：我的女儿好像没有那方面的天分，学音乐不仅学不会，还浪费钱；我的女儿不喜欢音乐，如果强制性要她去学习，那她一定会很痛苦的。对于这些烦恼的父母，需要注意，不管你的女儿有没有天赋，最重要的是让她能对音乐产生兴趣，因为兴趣是可以培养的。当女孩真正沉浸于音乐的时候，她们身上的气质会自然而然流露出来的，而父母只需要顺其自然，让女儿在音乐的激荡中感受快乐就足够了。

★ 为女儿创造一个良好的音乐环境

要想培养女孩对音乐的兴趣，父母应该从小为女儿提供一个良好的音乐环境。因为女孩在小的时候，模仿能力是非常强的。父母完全可以潜移默化、耳濡目染，让女儿多听、多唱，有一个音乐的环境。

其实，在女孩出生后，父母就应该学着用轻快的音乐来刺激女孩的神经，让女孩在音乐的撩动中感受到愉悦，并对这个未知的世界产生巨大的好奇。在女儿稍大的时候，父母就可以陪着女儿一起听一些音乐，比如听音乐电台的广播，听幼儿歌曲……

王女士的女儿在三岁的时候，就能够唱歌了，不仅儿歌唱得非常流利，就连一些流行歌曲她都可以哼两句。

有一次，王女士在提及女儿的音乐天分时，这样说："其实，我的女儿并没有音乐天分，只是在她很小的时候，我就习惯性地播放一些音乐。在她做作业的时候，我播放轻音乐，让她能够静心；在她起床的时候，我就播放轻快的音乐，让她一天都可以有好心情。听着听着，女儿就有'天赋'了。"

在这个音乐的熏染过程中，父母一定要懂得如何为女儿播放音乐，就像王女士一样，不同的场合、不同的境况播放不同的音乐。如果一个女孩一出生，就生活在美妙的音乐之中，那么音乐就会成为她生活中必不可少的一部分，她们的灵动气质也就会由此诞生。

★ 让女孩理解音乐中的内涵

音乐，光是一味地听是不够的，还要让你的女儿真正了解音乐的内涵。也就是说，让女儿知道自己听的是什么。在听音乐之前，父母可以不说什么，不过，在听的过程中，父母可以引导式地提示女儿那是什么声音，比如狂风呼啸声、雨水滴答声、潺潺流水声……

当你的女儿对这些都了如指掌时，你就不必担心她听不懂音乐了。这样，当她下次听音乐的时候，就能借助自己最初对音乐的感受，去理解不同音乐中表现的不同事物和画面了。慢慢地，女孩就会产生乐感，对音乐就会有一种莫名的喜爱。

★ 通过简单的音乐活动增强兴趣

人们常说"实践出真知"，在培养女孩的音乐兴趣的时候，同样也只有切身体会才大有裨益。有条件的家庭可以举办家庭音乐会，让全家人沉浸在音乐的海洋，让女孩感受到音乐的气氛，并让她尽情地展现自己的才能；对于普通家庭来说，也可以买一些影碟来播放，一边播放一边和女儿一起感受其中的内涵和妙趣。这样一来，女儿对音乐的兴趣便会与日俱增。

7.让女孩"舞动"自己的人生

每一个会跳舞的女孩子都是一个天使。

其实，每个女孩都是一个天生的舞者，每个女孩都梦想着自己能够站在舞台上，尽情地旋转。因为一个舞姿翩翩的女孩，身上总是能够散发出一种独有的青春活力和韵味；一个会跳舞的女孩，哪怕只是日常生活中的举手投足，也足以表现其身上独有的气质。

女孩就像是一个陶瓷器，只有在经历了细雕、造型、着色等工序后，才能够成为光彩照人的"作品"。也就是说，作为天生舞蹈者的女孩，在人生的过程中，同样也需要不同程度的细雕和打磨。

另外，父母还要懂得跳舞对于女孩的重要性：舞蹈可以让女孩身上的气质得以彰显，可以让女孩找到一片宁静的天空。同时，舞蹈还是一个内外兼修的课程，形体的完美加上心灵的完美，最后才可能打造出更加完美的女孩。舞蹈可以让女孩韵味十足，在接人待物上不同于一般的女孩，成为一个名副其实的知性女性。

作为父母，要想让自己的女孩更具有气质和魅力，成为一个更有才艺、更有女人气质的女性，就应该从小培养女孩对舞蹈的兴趣，让她们"舞动"自己的人生，展现自身的气质。那么，父母到底应该怎样做、怎样引导女儿学习舞蹈呢？

★ 发现女孩的舞蹈天赋

每个女孩都是天生的舞者，只是每个人的天赋不一样，一个极具舞蹈天赋的女孩，在1～4岁的时候就可以很明显地表现出来了。那么怎样去判断你的女儿是否具有舞蹈天赋呢？以下几点可供参考：

在看电视的时候或者听歌的时候，她总喜欢手舞足蹈，模仿电视上的动作；听歌的时候所表现出的动作与音乐的节奏基本一致。

脚下动作非常轻盈自如，而且非常富有节奏感。

经常喜欢和一些小朋友在一起表演，自己能够根据不同的环境和任务，编出一些简单的动作，最后成为自己的舞蹈。

如果你的女儿以上几点均符合，说明她很有舞蹈的天赋。如果你的女儿不具备舞蹈的天赋，父母则可以在日常生活中着重地培养女儿的兴趣。在平时可以让女儿看一些少儿节目，尤其是歌舞表演类的，或者直接买一些歌舞方面的影碟，在闲暇的时候，让女儿欣赏。起初，或许她会显得不耐烦，但是父母一定要有耐心，引导孩子去欣赏并通过通俗的语言解释舞蹈中的奥妙。时间一久，你的女孩就会自然而然地学习电视上的动作"手舞足蹈"了，然后，父母就要懂得乘胜追击，更加积极地引导。

★ 对女孩的舞蹈水平不要要求太高

让孩子学习舞蹈的主要目的，是让女儿能够在长大后具备超凡的素质，而不是让女儿在这方面取得多么优异的成绩。然而，很多父母在培养女儿舞蹈兴趣的时候，却遗忘了自己的初衷，总是拿考级规定作为检测女儿舞蹈水平的标准。最后不仅自己得不到想要的结果，还让女儿承受很大的压力，即使练习舞蹈，也很难将自己的能力施展开来。

曾经有一位舞蹈专家这样提醒众多的父母："特长学习不能将考级放在第一位，它不是评定孩子的唯一标准。"

妞妞很小的时候就非常喜欢舞蹈，于是在上幼儿园的时候，妈妈就将她送到了舞蹈特长班，那时妞妞就有一个梦想，那就是登上万人注视的舞台。

对于妞妞的想法，父母非常地赞成，为了让妞妞取得更加优异的成绩，妞妞的妈妈总是让她去参加等级考试，考不好就批评她。时间久了，妞妞的梦想破灭了，她总是说："我不想学习舞蹈了，我离那个考级标准太远了。"

其实，学习舞蹈有一个循序渐进的过程，父母在面对孩子学习舞蹈的时候，不应该施加太多的压力。

★ 既然学了，就要坚持

学习任何舞蹈都是非常辛苦的，为了能让女孩在将来拥有超凡的气质，很多父母选择让女儿学习舞蹈。然而，面对舞蹈学习过程中的痛苦，很多父母都不忍心看着自己的"宝贝"受苦，心生让她半途而废的想法；而现在的很多女孩都是在"福堆"里长大的，在练习一段舞蹈后，自己忍受不住了，便想中途退出。这样，父母与女儿两者思想一结合，就可能放弃学习舞蹈了。

其实，当女孩受苦的时候，是真正考验她的时候。如果父母也跟着孩子叫苦，不忍心看着女儿受苦，那么女孩永远都不可能有坚强的意志做任何事情。所以说，父母必须学着坚持，并给予女儿更多的肯定，告诉她一定要坚持，当她感受到坚持的成就感时，就会自己坚持下去的。

当你的女儿真正对舞蹈产生兴趣的时候，一个活灵活现的"天使"就会就此诞生，她会用自己超凡的气质舞出非凡的人生。

细节3 | 品行：如何教出善良懂事、勇敢担当的女孩

女孩终会成为一个女人，

女人只有具有了高贵的品质，

才能更好地适应纷繁多变的社会，

这样的女子更容易收获人生幸福。

趁她们年幼，为她们种下高贵品质的种子，

培养她们高贵的品行。

1.不能让女孩丢了勤俭的传统

一个奢侈浪费的女孩，很难创出自己的事业。

小云从小和父亲相依为命，虽然家境一般，但小云在花钱上从来不懂得节制。转眼间，小云就要上大学了，为了让小云学会节俭，父亲和小云做了一个约定，每个月一号准时给小云打 500 元的生活费。小云欣然接受了，但最后的结果却是，等不到下一次生活费的到来，小云就已经囊中羞涩了。

面对自己空空的口袋，小云忘记了起初的约定，要求父亲再给自己打点生活费过来。由于父亲对小云疼爱有加，所以总是心软地打破了约定。然而，父亲的妥协不但没有让小云懂得节约，还使她更加地肆无忌惮——花钱的速度越来越快。很快，小云又囊中羞涩了。于是又给父亲打了电话，再次提出自己的要求。这一次，父亲再也没有妥协，而是很风趣地说："哦，知道了，那你就先饿着吧！"

小云明白，父亲这次是真的不会给自己打钱了。看着身上仅有的 50 元钱，小云无奈地在纸上详细地写下自己将如何分配这些钱。接下来的日子，小云靠着仅有的 50 元生活，艰难地度过了那段困难的特殊时期。最后，小云知道节约的重要性了，于是不再乱花钱。每个月除了拿一部分钱买书籍外，再也不去买零食大肆挥霍了。

　　女孩在很多人的眼中，是敏锐细致的，比男孩懂得持家之道，似乎就是为家庭而生的，因此，学会节俭成了女孩一生必不可少的必修课。

　　曾经有人做过这样一个实验：让一组小男孩和一组小女孩去完成同样的事情——每天早上坚持整理自己的房间，倾倒家里的垃圾，然后再将家具擦一遍。最后的结果是，男孩每天几乎都要父母去提醒，他们才可以完成这些事情；而女孩则不需要父母提醒，就可以独自完成这些事情。这个实验充分证明了，女孩的心思比男孩要细腻得多，这也是很多女孩懂得节俭的重要因素。

　　在生活中，我们同样也不难发现，女孩一般比男孩要节俭，节俭对于女孩来说似乎是一种优势。然而，由于当今社会很多孩子大都是独生子女，父母总是倾其所有，满足女孩的各种要求，最后导致了她们理所当然地向父母索要。

　　在某个超市门口，曾经发生过这样一幕：一个十四五岁的女孩，大声地责备着一个中年妇女。最后，这个中年妇女无奈地流下了眼泪。有几个路人看不下去了，于是就报警了。当警察要带女孩去警察局时，中年妇女却流着泪对警察说："你们不要管了，她是我的女儿。"

　　原来女孩看上了一件衣服，但是由于价格太贵，母亲身上也没那么多钱，于是母亲就说："家里你还有那么多衣服呢，现在就不买了。"就这样，女孩就对自己的母亲大吵大闹……

　　如果你的女儿是这样的，你的心里会是什么样的感受呢？相信每一个父母都会痛斥这样的女儿。这样的事情不得不让我们深思，在经济条件日益丰富的今天，父母千方百计地满足女孩物质上的需求，但却忽视了女孩的精神建设，将中华民族的节俭传统丢到了脑后。最后导致的后果，可能是每一个父母都不愿意接受的。

作为父母，在培育女孩的过程中，一定要谨记中国的古训：成由勤俭败由奢。父母要想自己的女儿在多年后获得成功，得到属于她的幸福，那就将这个传家宝——勤俭，交给你的女儿吧。因为勤俭自古以来就是中华民族的传统美德，即使你的地位非常高，即使你家产万贯，这样的美德也是不可以丢弃的。在培养女孩的过程中更是如此，父母要明白"富养"女孩中的"富"，并不是要你一味用金钱满足孩子，而是要让她具有丰富的内涵和修养。

要知道，一个花钱如流水、奢侈浪费的女孩，是很难开创一番自己的事业，建设一个好家庭，成为一个好妻子和好母亲的。要想把中国的勤俭精粹传给女儿，父母就要做好以下几点：

★ 用自己的实际行动感染女孩

不健康的心理，在每个人的身上几乎都会产生，例如攀比、从众等。时代在变化，按理说人们的思想以及消费观念等，同样也应该与时俱进，但很多的成年人却打着进步的旗号丢弃了勤俭节约的传统。

殊不知，父母是孩子的第一任老师，父母的铺张浪费无形之中就会影响到孩子的成长，会在他们的心灵深处形成一种错误的观念。

因此，作为父母，一定要从自身做起，养成良好的勤俭节约的好习惯。只有这样，女儿才会跟随父母的脚步，传承中华民族的美德。

★ 让女孩学会合理消费

一个会消费的女孩，才可能成为一个持家高手，成为新时代的优秀的知性女人。所以，父母在女儿小的时候，就应该注重培养她们合理消费的观念。

比如，在女孩要买芭比娃娃的时候，要规定一个价格范围，然后让她去选一个物美价廉的；平时的时候，父母应鼓励女儿将多余的零花钱存起来，并告诉她存钱的好处；在女儿上学后，因为一般的女孩喜欢买书，这个时候，父母同样也要引导女孩买一些有价值意义大的书籍，或者听从老师的推荐，有选择地买书。

2.让女孩从小种下爱的"种子"

将爱洒在女儿的心田。

珠珠是爸爸妈妈眼中的娇娇女，同样也是爷爷奶奶的掌上明珠，一家人都围着这个小公主转。

有一次，珠珠想玩骑马的游戏，爸爸妈妈不在家，于是她就要年老的爷爷趴在地上当自己的"马"，自己骑在上面得意洋洋地"驾，驾"地叫着。爷爷说自己累了，想休息一会儿，但是珠珠却不依不饶，不让爷爷休息。

中国有句古话叫"百善孝为先"，人的生命都是有来源的，父母就是孩子的源头，因此，孝是每个人最根本的道德。所以，父母在培育女孩的过程中，必须将孝心灌输到女孩的心灵深处，让女孩成为多年后令人称赞的女性。

在中国的很多伦理学中，都将孝敬父母看作是人际关系的第一个台阶，孝心在人与人相处中占有很大的地位。我们很难想象，一个没有孝心的女孩怎样去爱别人，怎样去珍惜自己的朋友、爱护自己的家人。并且，一个没有孝心的女孩在需要帮助的时候，谁会愿意伸出援助之手帮助她们？除了她们的父母，相信再也没有人会助她们一臂之力了。

然而，在现实生活中，很多父母不懂得如何教育自己的女儿，从而在她小的时候就种下了不孝的种子。

生活中，有很多的镜头是我们不曾在乎过的。比如：父母病了，女儿依然在外面和朋友花天酒地，玩到很晚才回家，回家后连问候都没有，甚至父母还要带病起床关心她。

王女士忙碌了一天，累得腰酸背疼，回家后还要给已经上初中的女儿做饭。晚饭后，王女士只是让女儿帮忙把碗筷拿到厨房，女儿却断然地拒绝了她，还不停地指责王女士的不对。

生活中类似的情况有很多，或许有人会说，这些生活的细节已经见怪不怪了。那么，请扪心自问，如果你的女儿也这样，你会有如何的感想呢？

一个没有孝心，做事从来只顾及自己的感受，不懂得尊重他人，也不善于交心的女孩，在她的人生道路上会有魅力的光环吗？答案可想而知，这样的女孩没有人会乐于接纳，也没有人愿意成为她们的朋友。所以，父母在女孩小的时候，一定要注重培养她们的孝心，让她们将爱洒向人间。

★ 一个充满爱的家庭才可以塑造孝顺的女孩

俗话说：母慈子孝。这句话在告诫每一位父母，在培养孩子的过程中，一定不可以感情用事。在自己高兴的时候，哪怕孩子犯了天大的错误，你也不会计较；而在自己不高兴的时候，一点小事就可以让你大发雷霆。其实，这样的做法是非常不对的。

作为父母，只有掌握了正确的方式，将爱心灌输到孩子的心灵深处，这才是最为重要的。而要将爱洒在女儿的心田，最好的方法就是身体力行、以身作则。

娇娇的妈妈是个非常孝顺的儿媳，每天即使很累，她也会给卧病在床的婆婆洗脚。小娇娇只有 6 岁，有一次，妈妈把她哄睡着后，就照例去给奶奶洗脚。但妈妈回来后却不见了娇娇，正在妈妈着急的时候，小娇娇却端着一盆水，踉跄地走了进来，稚嫩地说："妈妈，洗脚……"

在一个家庭中，如果父母是一个非常有孝心的人，那就不必担心自己的女儿会成为心狠手辣的女人。

★ 在生活点滴中教育女儿孝敬父母

良好的品质大多是在细节中培养出来的。在培养女孩的时候也是一样，要想自己的女儿成为一个有孝心的人，父母就应该用自己的"慧眼"去发觉女儿的动机，并在点滴中教育女儿养成良好的品德。

有的父母或许抓不到生活的点滴，也不知道怎样教育女孩孝顺。其实，在生活中，能够教育女孩懂得孝顺的事情很多。比如在父母劳累的时候，女儿给爸爸妈妈端来一杯热茶；在父母生病的时候，女儿要懂得给父母拿药；女儿在任何时候，都不可以顶撞父母，即使有委屈也应该心平气和地解释；父母的生日，身为子女，是必须知道的……

在闲暇的时候，还可以给女儿讲一些尊老爱幼的故事，让她形成一种孝顺的意识；坐公交车的时候，引导孩子给那些需要帮助的人让座；爷爷奶奶生病的时候，让女儿给老人端茶倒水；吃饭的时候，让女儿懂得让长辈先坐……

★ 父母要做好榜样

父母也要知道，在要求女儿去做这些事情的时候，父母必须先做到。如果父母在平日的时候，不懂得孝敬家里的老人，不懂得与人为善，那又怎能教育出善良懂事的女孩呢？

从前有一对中年夫妇对年迈的父母很不孝顺，他们将老人撵到一间破旧的小屋里居住，吃饭时只用小木碗送一些剩菜剩饭给父母。一天，这对夫妇看到自己的儿子用刀在刻一块木头，于是就问孩子刻的是什么。孩子说："刻木碗，等你们年纪大时好用。"

这时，这对中年夫妇幡然醒悟，立即把父母请回正屋居住，同时扔掉了那只小木碗，拿出家里最好吃的东西给老人吃。而小孩也因此转变了对他们的态度，从此一家三代和睦共处。

父母只要能在生活的点滴中教育女儿，让她怀揣一颗爱心，将爱传给他人，那么，在不久的将来，你的女儿同样也可以成为善良懂事的"天使"。

3.激发女孩承担责任的意识

一个有责任心的女孩儿，最终会脱颖而出。

在马女士的眼中，五岁的女儿琼琼和其他孩子没有什么区别。然而，一件小小的事情却让马女士改变了自己的看法。

一天，爸爸在公司加班，妈妈没有去接琼琼，于是琼琼凭记忆自己回到了家。她发现妈妈躺在床上一动不动，她靠近一看，妈妈发高烧了。这时候，年幼的琼琼不慌不忙地去自己的房间拿了感冒药，又艰难地倒了一杯水。她先让妈妈把药吃了，又拿了湿毛巾敷在妈妈的额头上。直到晚上八点，琼琼的爸爸才回家。看到这样的情况，爸爸问道："宝贝，这些事为什么不等爸爸做呢?"琼琼说："妈妈生病了，爸爸在上班，那我就有责任照顾妈妈啊。"

从那以后，琼琼的妈妈再也不像以前那样看待女儿，而是把女儿当成了"小大人"，平等地对待。

责任心不像知识和能力那样显而易见，它掺杂在为人处事中。一个人是否具有责任心，通过她的举手投足即可表现出来。

一个对自己有责任心的女孩，是不会轻易地放纵自己，也不会让家长操心的；一个对工作有责任心的女孩，不会对领导分派的任务敷衍了事；一个对家庭有责任心的女孩，不会每天夜不归宿，让伴侣焦急地等待……总之，一个有责任心的女孩，才可能汇聚所有女人应该具备的优点：自强、自立、自爱；一个具有责任心的女孩，才可能在漫漫人生路上寻找到属于自己的幸福。

每个人从呱呱坠地的那一刻，其实就已经肩负了一定的责任，只是年幼的他们没有能力去承担。女孩同样也是如此。作为父母，只有提早培养女孩强大的责任心，才能够让她们变得与众不同，从而在人生道路上平步青云，最终脱颖而出。

然而，在现实生活中，很多孩子明显地缺乏责任心，从来不懂得为父母着想，也从来没有想过为父母分忧解难。其实，这并不是孩子的错，而是父母在教育孩子的时候没有注意到责任心对孩子的重要性。有的父母总是感觉孩子太小，根本不懂得什么是责任心，总是认为年幼的孩子是不可能具备责任心的。然而，这样的观念是错误的，虽然女孩在小的时候，对责任心没有什么概念，但是，潜移默化的教育力量，是很容易让女孩形成这样的观念的。

如果父母在女儿小的时候，不注重培养她们的责任心。那么，随着年龄的增长，她们所要肩负的责任便会日益增多，假如她们没有足够的责任心，那么就无法担负自己的责任。这时候，女孩就会感到巨大的压力，从而影响到生活和工作。作为女孩的父母，一定要知道，一个没有责任心的女孩，是很难在社会上找到自己的位置的。面对纷繁复杂的社会，她往往会失去了自我，变得茫然不知所措，甚至在轻浮的诱惑中成为迷途的羔羊。

由此可见，父母在培养女孩的时候，一定不要忽视了对女孩责任心的培养。

★ 杜绝对女孩的溺爱

当你的女儿跌倒在地、哇哇大哭的时候，你是怎样做的？当你的女儿不小心被桌子或者凳子绊倒的时候，你又是怎么做的？很多父母面对这样的情况，大多会非常疼惜地跑过去，习惯性地迁怒于外界事物，说类似这样的话"打死这个凳子，害我们宝宝摔跤"、"这路真讨厌，下次不从这走了"……其实，这样的做法是不明智的，这只会让女儿感觉自己是万人之上的公主。

遇到这样的情况，父母其实可以一笑置之，或者鼓励女儿："自己站起来，相信你可以的。"当她真正明白凡事要靠自己的时候，她自然就能担负起一定的责任了。

★ 给女孩制造自我负责的机会

七岁的叶子今天要上体育课。早饭后，妈妈送她去学校，但是到了学校门口，叶子发现自己忘记穿球鞋了。于是，叶子就让妈妈回去取，或者去学校跟老师解释清楚。不过，叶子的妈妈一再坚持自己不回家拿，也不去和老师解释，让叶子自己去想办法。

无奈之下，叶子只好硬着头皮进了教室。虽然那天叶子受了老师的批评，但是，从那以后，她再也没有丢三落四。

很多时候，只有让女孩自己亲身体验之后，她们才可能从中学到一些东西。所以，父母在教育女孩的时候，一定要懂得给孩子一定的决定权。比如，在家庭会议上给女儿发言的权利；做游戏的时候，让女儿来制定游戏规则。

★ 让女儿跟你一起做家务

生活中，我们经常看到这样的现象：家里的扫帚"躺"在地上，女儿迈过去也不知道扶起来；酱油瓶子打翻了，女儿也没有意识将其扶起来……其实这些都是孩子没有责任心的表现。

作为父母，要想让女儿更加具有责任心，要想让她们更快地领悟责任心的重要性，唯一的办法就是身教。女孩作为家庭中的一员，她有责任分担家庭的事务。根据这一点，父母就可以适当地让女儿做一些简单的家务。比如，做饭的时候，可以让女儿帮助你淘米，或者给她一个小凳子，让她帮助你择菜。

此外，在放假的时候，如果全家打算出外郊游，那么去哪里或者安排什么样的活动，这些任务都可以交给女儿去做，让她感受到自己的重要性。如此，在以后的生活中她就能主动地承担起自己的责任了。

4.用谦虚约束女孩

有一个谦虚的大环境，才可能塑造出谦虚的小女孩。

小红现在念三年级，从小妈妈就培养她写作的能力。也正因为这样，小红有多篇文章被发表到了校报上，老师和同学都说她以后一定会成为作家。

受到众人表扬的小红，慢慢变得骄傲起来，拿着那几篇文章四处炫耀，就连走路的时候都高高地抬着下巴。为此，她与同学的关系越来越差。妈妈知道这一情况后，就有意想打击她一下，于是拿着小红的文章，让小红跟着自己去请教一位当编辑的同学。

到了同学家里后，妈妈便把小红的文章拿出来，对同学说，这是自己写的文章，并让同学直言不讳地给点评一下。这位编辑同学草草看了一眼文章，便对小红妈妈说："我记得你以前的文笔很好啊，现在怎么这么稚嫩，而且很多地方逻辑不通、文法不对，连小学生的水平都不如！"

这时，妈妈看了一眼小红，小红则惭愧地低下了头。从此，小红不但不再拿文章炫耀，反而常常虚心地向老师和同学请教写作方法，渐渐地，同学们又愿意和小红一起玩了，而小红的写作能力也一天比一天好了。

有一句非常经典的话：谦虚使人进步，骄傲使人落后。小红之所以会得到同学的友谊和写作能力上的再次进步，主要就是得益于她谦虚的态度。

我们经常说，谦虚是一种美德，正所谓"学问茫茫无尽期，为人第一谦逊好"。普列汉诺夫也曾这样说过："谦虚的学生珍视真理，不关心对自己个人的颂扬；不谦虚的学生首先想到的是炫耀个人得到的赞誉，对真理漠不关心。"

父母在培育女孩的过程中，同样也要注意到这一点，从小教育女儿要懂得"取人之长，补己之短"，懂得谦虚地学习别人身上的长处，懂得"天外有天，人外有人"的道理。要想让自己的女儿也成为"默默争上游的英雄豪侠"，那就要懂得培养女孩谦虚的品格，使她从小就养成谦虚的好习惯。当谦虚的心态养成的时候，不管在任何地方、任何时候，她都可以学习到很多的东西。

可是有很多父母认为，自己的女儿只要在学校好好学习，和老师打好交道就可以了，为什么非培养她谦虚的性格呢？当然，父母的心情我们可以理解，但家长们却忽视了一点：只有一个谦虚的人，才能够学到更多的知识；只有一个谦虚的人，才能够认清自身的不足，才能弥补自身的缺点；也只有一个谦虚的人，才能够赢得别人的尊重和敬佩。

一个骄傲自大的女孩，在与人交往时，总喜欢高高在上，不屑与别人进行深交；一个骄傲自大的女孩，只会满足于自己一时的成绩，忽视别人背后的努力；一个骄傲自大的女孩，不会有太多的朋友，同样，在她需要帮助的时候，也不会有人乐于出手相助……

每个人都喜欢谦虚的女孩，谦虚使一个女孩更加平易近人，更加温柔善良。一个女孩只有具备了谦虚的心态并付诸行动，她才可能畅通无阻地游走于社会，才可能在自己的人生中谱写更加绚烂的篇章。那么，父母应该怎样做才能培养出谦虚、有礼貌的女孩呢？

★ 让女孩学会客观地认识自己

自负是很多女孩在成长过程中经常出现的情绪，在她们的心中，别人都不如自己，因此也不屑于向别人请教任何问题。这样的女孩往往妄自尊大，只顾及自己的感受，从而很难在工作和学习中找到自己的知心朋友。面对这样的女孩，父母就应该给予她一定的引导，让她能够客观地认识自己，并让她懂得谦虚在人生中的重要性。

小于是一个非常自负的女孩，从不轻易地认错。她很喜欢和爸爸聊天，有一天，小于在和爸爸聊天的过程中，说起了不久前的一件事情："我们老师有一次莫名其妙地批评我，说我学习不认真，不该犯的错误也犯。我没有什么错，当时就和他大吵了起来。"

小于的爸爸意识到小于自身的问题，于是语重心长地说："孩子，老师批评你是为你好，希望你能够改正自己的错误，取得更大的进步，你应该谦虚接受才对啊。"听了爸爸的教诲，小于终于意识到自己自负的缺点了。

★ 用名人故事来激励自己的女儿

从古至今，中国有很多的名人都具备谦虚的品质，都有着宽广的心胸。父母要懂得利用名人效应，可以经常给女儿讲一些名人的故事，比如"满招损，谦受益"的故事。还可以在市场上买一些这方面的书籍，让女儿在阅读中独自体会那些大人物的谦虚魅力。

在这个过程中，父母要明白，在讲故事或者选择书籍的时候，要选择一些比较现实的、比较近代的故事，这样就不至于让女孩感觉好像是在听古文看天书，她们就可以从中领悟"天外有天，人外有人"的道理。

★ 为女孩创造一个谦虚的环境

人们常说夫妻之间应该"相敬如宾",同样的道理,在培养女孩的时候,父母也要懂得,只有一个谦虚的大环境,才可能塑造出谦虚的小女孩。

5.培养女孩正直、诚信的品格

告诉女儿不要轻易许诺,承诺了就要兑现。

捷克著名作家米兰·昆德拉曾说过:"所谓人生,即是周而复始的诚实、友好、信任地给予与被给予。"从这句话中我们就可以看出诚信在为人处世中的重要性。孟子也曾经说过:"人而不信,不知其可也。"也就是说信用是一个人立身行事的根本,一个没有信用的人,只会被别人看不起;一个没有信用的人是很难在社会上立足的。讲求信用,自古就是一种高尚的品格,它不仅表示你对别人的尊重,同样也表示自己对自己的尊重。

对于一个女孩来讲,信用同样具有举足轻重的作用。生活在当今社会,女性的地位并不亚于男性,女性也可以追求自身的价值。而在追求的过程中,女性避免不了要与人合作,而合作所需要遵守的一条亘古不变的原则就是诚信。

诚信是为人不可少的基础,拥有了它,就拥有了人生最宝贵的财富。相信每一个父母都不希望自己的女儿成为一个爱撒谎的人;都不希望自己的女儿因为不诚实而走向迷途。有研究表明，每个人都不是天生的撒谎者，撒谎是受后天环境的影响，以及人们对诚信的理解产生了偏差所导致的后果。

因此，父母在培育女孩的时候，一定不可以忽视这一点，要想让女儿在未来的社会中站稳脚跟，要想让女儿在未来的人生中获得幸福，父母就必须担起这个责任，将女孩培育成一个"言必行，行必果"的诚信女性。具体的做法父母可以参考以下几方面：

★ 父母必须是信守承诺的人

每位父母都希望自己的女孩能够成为一个信守承诺的人。所以在女儿食言的时候，很多父母就会严加批评，并说些"人必须要信守承诺"的道理。

我们不可否认，"人无信则不立"这是一条亘古不变的真理，但是，在父母说教孩子的时候，父母一定要保证自己就是一个言而有信的人，否则你的说教不仅不会起到作用，反而还会让女儿产生叛逆心理。

思思马上就要考试了，妈妈兴冲冲地说："宝贝，好好考，取得好成绩妈妈到时候送一件你最喜爱的衣服做礼物。"可是听了妈妈的话，思思并不高兴，垂头丧气地去了学校。

三天后，思思拿着自己的试卷回家了，妈妈一看傻眼了："你这次怎么搞的？以前都是 90 分以上，今天你居然不及格。衣服你也别想要了。"

"我也没想过你会给我买，你就是个大骗子，你从来都没兑现过你的承诺……"说着思思就跑出了家门。

很多时候，父母的言行对女孩的影响是非常大的，当父母答应女孩的事情最后成为一场空的时候，她们就会认为撒谎是允许的，人是可以不遵守承诺的。于是，在她们以后的人生中，她们就会尝试着撒谎，甚至慢慢成为一种习惯。

所以，要想让自己的女儿养成诚实守信的习惯，父母就必须言行一致。要知道，女孩小的时候模仿能力是非常强的，父母如果难以做到，那就别指望女儿能够与你们不同，成为诚实守信的人。

★ 告诉女儿"不要轻易许诺"

中国有句话叫"三思而后行"，就是说不管做任何事情，都一定要经过思考后再作决定。尤其是在向别人许诺的时候，如果自己真的做不到，就不要顾忌面子，别轻易向别人许下你的诺言。如果许下了承诺却又做不到，那你就会成为别人眼中不守信用的人。

作为父母，在向孩子许诺的时候同样也不可轻率，要竭力让自己"说到做到"。如果自己真的做不到，也要诚恳地向女儿解释没有做到的原因，并为自己的食言表示歉意。否则，你的女儿就会产生对诚信的错觉。

同时，父母还要知道，女孩在遇到问题的时候，一般喜欢向父母讨求方法，这个时候，父母就应该因势利导地告诉她们"言而有信"的道理，告诉她们"如果你做不到，那就不要轻易答应别人"。平时父母还可以给女儿讲一些关于诚信的故事，让她们从小养成诚实守信的习惯。

★ 让你的女儿远离名利的诱惑

不讲信用在生活中多表现为欺诈和狡猾，而导致欺诈最主要的原因就是名利的诱惑。

所以，父母在教育女孩的时候，一定要注意培养女孩淡泊名利的心态，让她们明白名利是身外之物，"生不带来，死不带去"。当然，要想自己女儿更好地做到这一点，首先父母是最重要的榜样：生活中，不要总是想着怎样去占别人的便宜，也不要想着怎样算计别人；在夫妻讨论一些世俗的东西时，最好避开女儿的耳目。

当你的女儿真正做到"君子坦荡荡"的时候，她就不会为外物所动，也不会被名利所迷惑，自然就成了一个诚实守信的优秀女性。

6. "感恩"为女孩戴上光环

女孩若是拥有了感恩之心，就拥有了一种独特的魅力。

4 岁的女孩小迪上幼儿园已经一年了。幼儿园的吴老师很喜欢小迪，把她照顾得无微不至。小迪也最听吴老师的话了，在家里，妈妈要是告诉小迪什么事，小迪不肯听，妈妈只要搬出吴老师，小迪肯定会信服地点头答应。

转眼之间，教师节快要到了。妈妈对小迪说："宝贝，你知道 9 月 10 日是什么日子吗？"

小迪疑惑地摇摇头。

妈妈说："每年的 9 月 10 日都是教师节。教师是世界上最伟大的职业，我们所有人都应该感激自己的老师。"

小迪兴奋地说："真的啊！那我一定要在那一天感谢吴老师，吴老师那样照顾我，我要送给她一份漂亮的礼物！"

看到自己的女儿这样懂事，妈妈欣慰地笑了。

感恩，自古以来就是一种美德，被世人不断地传承，使之得以延续。我们经常听到这样的话语："受人滴水之恩，当涌泉相报"、"谁言寸草心，报得三春晖"。这些经典的语句将感恩诠释得惟妙惟肖，这也充分地证明了感恩是真善美最真实的写照。

对于一个女孩来讲，拥有了感恩之心，她就拥有了一种无可比拟的气质和魅力；拥有了感恩之心，她就拥有了整个世界，拥有了无比灿烂的光环；拥有了感恩之心，她可以开拓更加精彩的人生，打造属于自己的"爱的天国"。

拥有了感恩之心，就拥有了人间的大智慧和处世哲学的精粹。感恩是人的情感和道德最基本的要素，总的来说，感恩是一种本性。

要想让女孩内心充满爱，那就要在她小的时候，为她上一堂心灵成长的必修课——感恩。古人云"施人慎勿念，受施慎勿忘"。只有让你的女儿学会了感恩，她才可能在未来的人生路上获得更多的幸福，体会更多的道理，从而让她的人生道路充满鲜花和阳光。

但是，如果在女孩小的时候，父母不懂得教女儿感恩，只是将其当作"小公主"来抚养，一味地满足她物质上的需求，忽视精神上的建设，那女孩长大后，就可能沦为物质的俘虏，"不孝之举"也极易在她的身上上演。

所以，作为父母，要少给女孩溺爱，让她学会感恩，让她感受到父母的辛劳。只有这样，她们的感恩之心才会被激发，才会无怨无悔地播撒心中爱的种子。

★ 让女孩从小就懂感恩

感恩的情怀并不是一蹴而就的，父母必须通过生活中的点点滴滴，让女儿懂得时刻要感恩。

比如，当阿姨送给女儿礼物时，要教女儿感谢他人的赠送；当老师批改完作业，要教女儿感谢老师的辛勤和付出；当女儿孤独的时候，有朋友来陪她玩，要教女儿感谢朋友的陪伴；当爷爷奶奶给女儿做了最爱吃的东西时，要教女儿感谢老人的疼爱……

总而言之，只要善于关注生活中的细节，每位父母都可以在生活中发现契机，从细节上教育女儿懂得感恩。同时，父母也要督促自己在生活和工作中懂得感恩，并付诸行动。只有这样，你的教育才更加有力；否则，你的努力就会适得其反，与预期的目标背道而驰。

★ 给女儿制造"回报"的机会

生活中我们经常会发现，父母总是将自己的女儿视为掌上明珠。当女儿想为父母做事的时候，父母往往会说："你去休息吧，如果真没事做，那就去看看书吧。"殊不知，父母的这一做法，已经在无形之中扼杀了女孩的感恩之心。因为，女孩只有懂得付出、懂得"回报"，她才会懂得珍惜、懂得体谅，所以父母应该学会接纳女儿的付出，并给她制造相应的"回报"机会。

在培养女孩的过程中，很多父母都不舍得让女儿去做家务。殊不知，让女儿从小学着做家务，不仅培养了她们的生活能力，同时也让她们体会到了父母的艰辛，这样会激发她们的感恩之心。

★ 带女孩"常回家看看"

要想让女儿懂得感恩，光是言传往往是不够的，事情只有真正做出来之后，它的说服力才是最大的。同样，培育女孩也是如此，言传不如身教。

无论自己有多么忙，在假期的时候，带上自己的女儿去看望双方的老人，陪老人聊聊天，帮老人打扫一下家里的卫生。当春天来临的时候，带上女儿和老人，一起去公园听听鸟语，闻闻花香。在过年的时候，回到父母的身边，陪他们一起过年守岁。在老人过寿的时候，也要放下工作，回到老人的身边，送上自己的祝福。这样的感恩教育是最有实效的。

7.给女孩插上善良的翅膀

善良的女孩是降落人间的精灵。

周末的下午，妈妈带着六岁的菲儿去公园玩。公园门口躺着一个老乞丐，断了一条腿，头发花白蓬乱，浑身上下脏兮兮的。很多来公园玩的小朋友见到这个老乞丐都皱起了眉头，从远处绕了过去，就好像一旦靠近就会感染可怕的疾病一样。就在这时，菲儿拉了拉妈妈的衣角，怯生生地问："妈妈，可以给我5元钱吗？求求你了！"妈妈疑惑地看着菲儿，蓦地发现了远处的乞丐，欣慰地笑了起来，然后掏出10元钱递给了菲儿。菲儿开心极了，松开牵着妈妈的手，连蹦带跳地向乞丐跑去，轻轻地把手中的钱放在了乞丐的面前……

著名教育家苏霍姆林斯基曾经说："善良的情感是良好行为的肥沃土壤。"善良，自古就被认为是人道精神的核心，善良是一种高尚的品质。一个人如果拥有了一颗善良的心，他的内心就不会因为命运的捉弄而苦恼，心中就会拥有无尽的幸福和快乐。

善良是每一个女孩的天性，善良让女孩成了降落人间的精灵，谱写着一个个动人的画面。同时，善良也是父母送给女孩最为珍贵的礼物。当有一天，白发偷换了女孩的缕缕青丝，皱纹在女孩的脸上写满了岁月的痕迹，可是善良却不会离她而去。善良的品质犹如清醇的美酒，时间越久，香味越浓，虽然历经世间的沧桑，但是善良却依旧可以温暖每个人的心灵。

然而，现实的生活中，在很多女孩的身上似乎看不出善良的品质。但这并不代表她们不具备善良的天性，可能是因为女孩在后天的培养中，父母只注重满足女孩物质上的需求，让她们吃好的、穿好的、用好的，却忘记了对女孩进行品德上的教育。很多女孩在这样不缺饰品、不缺零食、不缺衣服的环境下，慢慢丢失了原有的善良品质，她们体会不到父母的艰辛，也不懂得怎样帮助别人、关心别人。

由此可见，父母在培养女孩的时候，必须注重培养女孩善良的优秀品质，让她们的天性在生活中激发出来。所以，父母在女孩小的时候，就应该教会她与人为善，将善良的种子种在她的心田上。

★ 给女孩一个和善的家庭环境

如果父母让女孩生活在一个充满暴力的家庭中，又急切地希望自己的女儿成为一个善良的天使，这样的想法简直就是天方夜谭。我们知道，环境可以塑造一个人，要想让女儿成为善良的人，就应该为她提供一个和善的家庭环境，让其在父母的互敬互爱下，体会善良的品质。

如果在生活中，夫妻双方产生了矛盾，切记不要采取暴力方式解决，同时也不要让女儿接触暴力玩具；在生活中，首先要让自己成为一个和善的人，女儿才可能潜移默化地跟随你们的脚步，成为一个善良的女孩。

★ 给女儿创造帮助弱者的机会

父母要想把自己的女儿培养成一个温柔善良的人，就要懂得从小给女儿创造能够帮助弱者的机会。比如在外面逛街的时候，看到路旁无家可归的乞丐，父母要引导女儿去帮助那些贫穷的人；平时在看电视时，如果看到一些悲惨的剧情时，父母也要让女儿懂得去同情他们；当学校有小朋友遇到困难的时候，父母也要教自己的女儿去帮助她的小伙伴……

★ 让女孩养只小动物

很多父母都认为，女孩小的时候养动物会很脏，女孩也会因为饲养小动物而不认真学习了。其实，这样的情况都是可以避免的。女孩天生喜欢小动物，面对小动物时，她们几乎不会发脾气，让女孩养动物为的就是让她将自己的爱奉献给动物，学会照顾小动物。这样，等她们将来长大的时候，她们自然就会是一个富有爱心的女孩，自然也就懂得照顾关心那些需要帮助的人。

当你真正做到以上几点，关注女儿的点点滴滴，并将传统的善良美德灌输到女儿的心灵，那么，你的女儿一定会成为一个温柔善良的"小天使"。

8. 让女孩拥有一颗公德心

爱护一花一草，也是富有爱心的人。

有一天，王女士带着七岁的女儿小松去上学，在路上看到一个随手将手中的香蕉皮扔在地上的小女孩。这时，一个戴眼镜的男孩走过去，捡起地上的香蕉皮，扔在了垃圾桶里。

王女士就问小松："小松，你觉得刚才那个女孩和戴眼镜的哥哥哪个比较好啊？"小松不假思索地说："当然是后面那个戴眼镜的哥哥喽。"

王女士接着问："为什么啊？"

"因为哥哥像我们老师说的，是一个有社会公德的人，如果他不捡起来的话，肯定会有人不小心踩在上面摔跤的。"

听了小松的回答，王女士非常开心："小松说得很对，那个戴眼镜的哥哥是个有公德的人。所以小松也要做一个有公德的孩子，不可以随便扔垃圾。如果看到别人乱扔垃圾，也要学习那个戴眼镜的哥哥，捡起来扔在垃圾桶里。知道吗？"

女孩天生就和男孩有很大的差异：女孩不像男孩那样调皮，女孩喜欢安静，喜欢与他人合作，不喜欢一个人待着。作为父母，谁都希望自己的女孩能够成为一个优秀且懂礼貌的人，都希望把女儿培养成一个具有公德意识的社会人，让她能够在未来的人生中站稳脚跟。

然而，在现实的生活中，我们往往会看到这样的画面：

在公交车上，女孩坐在座位上扬扬得意，身边却有老人站在一旁提着大包小包。

在等车的时候，很多人都在按顺序排队，但就是有一部分孩子乱插队，当别人有意见时，家长还无理狡辩。

在公园散步的时候，看着有"禁止采摘"的字样，却依然有孩子跑去摘一朵鲜花，玩一会儿就扔在了路上。而身后的父母却置之不理。

这些现象在我们的生活中屡见不鲜。很多父母面对这样的情景，会摇摇头，说一声"没有教养"，或者"不懂礼貌"；或许也会有感觉，不过觉得是孩子，根本没有必要去阻止或者训斥他们。

在《三字经》里有这样一句话——"养不教，父之过"，说的就是如果父母将孩子生下来却不给与教育，那就是父母的过错。父母的责任其实就是将自己的孩子培养成一个懂礼貌、守秩序、爱护公物的文明人。一个没有公德心的女孩，不可能得到大家的喜爱，也不可能适应社会的发展，跟上时代的脚步，创造属于自己的非凡人生；而一个有公德意识的女孩，则懂得关爱别人，爱护一花一草，她是富有爱心的人，社会回报给她的也是无尽的爱。

如果一个女孩具备了社会公德意识，那也就会为她的事业成功增添了砝码，她的人际关系网也会更加广阔。因此，父母必须在女孩小的时候，就让她拥有社会公德意识，培养她有公德心。那么，如何培养女孩的公德心呢？

★ 教女儿学会自制

每个人都有欲望，女孩更不例外，可是很多父母在面对女孩的过分要求时，总是不懂得拒绝，而是倾其所有地满足女儿的要求。殊不知，随着年龄的增长，女孩内心的欲望就会越来越膨胀。如果父母选择一味地满足和给予，那孩子就可能做出违反道德的事情。比如父母不给钱，孩子就偷偷地从父母的钱包里面拿，甚至在街上进行盗窃。由此可见，一味地满足女孩的要求是有百害而无一利的。因此，父母必须培养女孩的自制能力。

当女儿提出的要求很过分时，父母应该及时地向女儿解释要求不能满足的原因，而不是让她囫囵吞枣，憋一肚子气；当她做出了一件维护公德的事情时，父母要懂得给予她一定的奖励，让她有一种成就感。慢慢地，她就会习惯于维护公德。在这样的教育下成长起来的女孩，一般都具有很强的社会公德心和自制能力。

★ 不要让女儿口无遮拦

语言的杀伤力是非常强大的，对于女孩来讲，在日常的人际交往中，拥有平和的语气、诚恳的态度是至关重要的。

俗话说："良言一句三冬暖，恶语伤人六月寒。"在日常生活中，不要让女儿口无遮拦，也不要让她恶语伤人；犯了错误，要鼓励女儿去道歉；在和他人发生争执时，讲话要有分寸，不要揭他人短处……

★ 女孩更要懂得遵纪守法

在培养孩子的过程中，每位父母都希望在孩子面前拥有绝对的权威，希望孩子能遵纪守法，将来成为社会的有用之才。

其实，想要女孩遵纪守法，并不需要树立绝对的权威；相反，只要父母在女孩小的时候就正确地引导教育，就可以培养出一个遵纪守法的女孩。在她犯错误的时候，不要过分地庇护她；在她破坏公物、随地乱扔垃圾的时候，父母要及时制止她，并告诉她那样做是不正确的；在过马路的时候，父母要时刻提醒女孩"红灯停，绿灯行"的规则……日积月累，你的女儿自然就成为一个遵纪守法的好孩子了。

细节 4 | 欣赏:如何教出自信满满、魅力无限的女孩

父母的欣赏、赞美和鼓励是一个女孩自信、
快乐的源泉,父母的爱抚慰她们脆弱的心灵,
教她勇敢面对人生中的挫折和风雨。
父母的赞美,能给女孩无穷的自信和力量,
激发她们的潜力,
向一个有主见的"魅力女王"进发。

1.鼓励：女孩自信的催化剂

父母的鼓励让女孩更加自信。

燕子在初学钢琴的时候，爸爸妈妈就告诉她："这是一架魔力钢琴，只要你不断地按上面的黑白键，它就可以演奏出美妙的歌曲。"燕子就是抱着这样的好奇心态开始学习钢琴的。燕子学得非常地认真，只是音节中间的过度还欠缺一些柔和。

有一次，燕子的姑姑来她家做客，燕子迫不及待地给姑姑弹奏了一曲，但是姑姑却很不以为然地说："燕儿，我看你还是别学习钢琴了，我感觉你根本没有学习音乐的天分。这么简单的曲子，你都弹得这么糟糕。"

燕子简直不敢相信自己的耳朵，此后，父亲让她弹琴，她就拒绝，后来燕子的妈妈知道了燕子不弹琴的原因。一天，妈妈把燕子叫到身边："宝贝，那天你弹的那首曲子叫什么？我感觉非常好听，你可以再给妈妈弹一遍吗？"听到妈妈说自己弹琴很好听，燕子赶忙就说出那首曲子的名字。"那你给妈妈弹一下好吗？妈妈太喜欢听了。"

于是，燕子就高兴地坐在钢琴旁弹了起来，这一次她弹得非常流畅，中间的柔和度以及旋律把握得非常好。

曾经有一个心理学家做过这样一个实验，他从一所学校的花名册上随便挑出了一部分学生,并告诉学校的教师:"根据我的判断,这些学生天资聪明,在学习上将会有很大的进步。"几个月后,这些学生在期末考试中均有明显进步。

我们来分析一下,为什么最后他们可以获得优异的成绩呢?其主要原因是他们得到了老师的鼓励和赞扬。当老师告知这些孩子具有天资的时候,他们会将注意力集中在这些学生身上;而当这些学生得知自己很聪慧后,自然也受到了很大的鼓舞,因此取得了很大的进步。

对于生性柔弱的女孩来讲,她们喜欢被表扬和赞美,因为女孩很注重面子。当女孩面对批评的时候,就往往会显得特别难堪,恨不得找个洞藏起来。但是,当她们受到别人的鼓舞时,她们会有很大的成就感。为了得到更多的表扬,她们会选择继续发挥自己的优点,这样她们的努力自然可以换取更多的回报。

因此,女孩需要父母的鼓励,就像禾苗需要阳光的沐浴和甘露的滋润一样。父母的鼓励会成为女孩成功路上的催化剂,从而激发她们的潜质,获得事业的成功和生活的幸福。

因此,父母在培养女孩的过程中,一定要懂得给予女孩恰当的鼓励,让她们有更大的力量和勇气前行。父母在鼓励女孩时要注意以下几点:

★ 足够重视孩子所取得的进步

每个人在做对一件事情的时候,都希望能够得到别人的鼓励和赞扬,这样就会认为曾经的付出和努力没有白费。父母在培养女孩的时候,也要谨记这一点,就是让女儿有一定的成就感,那样她们才会有更大的进步。

曼曼放学刚到家就大声说:"妈妈,今天我们学校举行的踢毽子比赛,我拿了第一名,我好开心啊。"妈妈很惊讶地问:"哦?和谁比的啊?你们学校居然还比赛踢毽子，太新奇了。"

曼曼非常开心："今天我们上体育课，老师组织踢毽子比赛，我居然把班里的全部女生都赢了。"

"是吗？曼曼真了不起，不过，要是我们家曼曼在学习上也能胜过她们，那就更了不起了。"妈妈趁热打铁。"放心吧，妈妈，我一定会好好学习的。"曼曼很认真地表了决心。

我们可以想象到后来的曼曼会取得什么样的成绩，妈妈的鼓励必然会使曼曼浑身是劲、斗志昂扬。因此，父母在教育女孩的时候，也应该像曼曼的妈妈一样，在她获得一定的成绩后，不是不屑一顾地不了了之，而是应该给予她及时的鼓励。

朱永新在《新教育之梦》中曾经说过："理想的父母是永不对孩子失望，决不吝啬自己的表扬和鼓励，决不使用侮辱性批评的父母。"也就是说，父母应该时刻采取多种不同的形式鼓励女孩的竞争意识，让女孩感受到自己被父母重视，让她们在健康快乐的环境中，继续发挥自己的长处，不断强化女孩积极向上的认同心理。

另外，在女孩受挫的时候，父母绝不可以袖手旁观，而是应该鼓励女儿从头再来，帮助她们分析失败的原因，让她们坦然地面对挫折并战胜困难。

★ 对女孩的要求不要过高

当女孩面对父母给予的众多压力时，她们在做事时就很难大展身手，这自然就达不到父母预期的目标。

所以，在培育女孩的时候，父母千万不要盲目地将自己心中的标准强加在女儿的身上，而是应该降低标准，让女儿感觉到获得成功并不是非常艰难的事情。这样一来，她们就可以信心百倍地不断前行，取得进步了。

在这一过程中,父母千万不要时刻将女孩的缺点挂在嘴边,那样只会让她们失去更多的信心。父母应该细心地发现女儿的优点,在她们取得成就的时候,给予一定的鼓励,从而激起女儿获取更多成功的欲望,达到事半功倍的效果。

★ 采取各种方式给予女孩信心

王洁是一个非常自卑的女孩,为了鼓励她,有一次爸爸把她带到海边玩。在那里,王洁显得特别开心,脸上洋溢着久违的笑容。

看着浩瀚无边的大海,爸爸告诉她:"看到那边在岸上抢夺食物的鸟了吗?当海浪来的时候,那些麻雀总能迅速逃离,然而,最后穿越大洋的却是那些显得笨拙的海鸥。因为它们自信,它们相信自己肯定可以飞越海洋。"听了爸爸的话,王洁恍然大悟,她再也不认为自己笨了。

要想让女儿自信,父母的鼓励是不可或缺的,在女儿小的时候,父母就应该注重给予孩子信心。平时的时候可以讲一些故事来激励女儿,也可以买一些书籍和女儿一起阅读,并体会其中的内涵,抑或在休息的时候带着女儿外出旅游,开阔她们的眼界,增长她们的见识。

2.送给女孩满满的爱

父母的爱和体贴，让女孩更有安全感和幸福感。

刘龙飞夫妇是一家私营企业的老板，夫妻俩很能吃苦，再加上头脑灵活，经营有方，所以短短几年生意做得红红火火。钱有了，地位有了，房子、车子都有了。可是，等他们静下心来，却发现自己的女儿已无可救药地迷上了网络。每天早上去学校露个面，然后就跑到网吧去打游戏，一打就是一天。

刘龙飞深感失望，愤怒地训斥女儿："我们这样辛苦奋斗还不都是为了你？为了给你富裕的生活、良好的教育，而你竟然这么不争气！你说，你这么做对得起谁？你对得起我吗？对得起你妈吗？"

女儿听后却大声反驳道："为了我？你们真的关心过我吗？你们只知道给我钱，却从来都没有给过我一点爱！家里没有一丝温暖，我觉得自己很孤单，像一只孤独的小鸟，飞累了都找不到一枝树杈可以落下来！"

高尔基曾经说过："爱孩子是连母鸡都会做的事情。"在这个世界上，没有哪个做父母的不爱自己的女儿，但却并不是每一个爱自己女儿的父母都懂得如何去爱自己的女儿。很多父母认为：把女儿的生活照顾得无微不至就是爱；拼命为女儿挣钱就是爱；让女儿出门不用挤公共汽车就是爱；让女儿住得上豪华别墅就是爱……但是要知道，爱不仅仅是一种感情，更是一种能力,它包括理解、关心、宽容、设身处地、温柔体贴以及责任感,等等。这样的父母忽略了女孩的内心感受和精神充实,而这些却是让女孩成长为一个健康、快乐、负责任的成年人所必需的滋养。只有宠没有爱的女孩,就像一味地施肥,却照不到阳光的树苗,不但不能茁壮成长,反而会很快地枯萎。

与男孩相比,女孩更希望自己被珍视,如果女孩发现自己被人珍视和喜爱,她就会有一种莫名的满足感。有时候,女孩受到父母的批评会哭泣,这并不是因为她小心眼。事实上,这仅仅是因为父母声色俱厉的批评和惩罚令她们感受不到父母对自己的爱了。她们会想:"是不是爸爸妈妈不再爱我了?"

如果女孩在父母那里能得到足够的爱和体贴,那么,她就会很有安全感,就会幸福,就会快乐。

既然如此,作为父母,如何才能让女儿在爱中健康地成长呢?答案只有一个,给女孩更多理性的爱。具体来说,父母可以从以下几方面着手。

★ 宠爱,但不娇纵

每一个父母都会抱着"一切都为女儿好"的心态去教育女儿,希望女儿能够顺顺利利、快快乐乐地成长,尤其不想让女儿重复自己所经历过的那些艰辛和磨难。于是,我们会尽自己最大的努力让女儿吃好的、穿好的、用好的,尽量满足她所有的要求,给她提供最优越的生活环境。这种做法无可厚非,但却并不值得肯定。因为虽然我们这样做的初衷是好的,但却很容易使女儿养成骄纵任性、爱慕虚荣的恶习。

崔先生夫妇家境富有,结婚多年却始终没有孩子。终于,在已过不惑之年的时候,夫妻俩有了个女儿。多年心愿一朝得偿,崔先生夫妇自然对这个女儿倍加宠爱。尤其是在物质上，只要女儿想要，多贵的东西崔先生都愿意买给她，除了天上的星星和月亮，女儿就没有想要却得不到的东西。

让崔先生万万没有想到的是，随着年龄渐渐长大，女儿的脾气越来越坏。日常生活中，女儿不管要什么都要立刻得到，不然就会对崔先生夫妇大发脾气。而和小朋友之间闹了矛盾，她也会用钱来解决，如请小朋友吃好吃的，带小朋友去游乐园玩，等等。

久而久之，崔先生发现，自己原本想要培养一个优雅高贵的小淑女，却把女儿培养成了任性野蛮的"刁公主"。稍有不顺心女儿轻则大喊大叫，重则摔摔打打，一点优雅的气质都没有。

无疑，崔先生夫妇对于女儿的教育完全失败了。他们任由女儿挥霍金钱，放任女儿在金钱的国度中养成了刁蛮任性的性格。由此可见，无论父母多么爱自己的女儿，也不能以爱的名义毫无顾忌地娇纵女儿。爱，也是要讲原则的。

★ 关爱，但不过度关注

一个女孩无论家庭环境好坏，如果父母能够给予她足够的理性的爱和关心，施以正确的引导和支持，那么，女孩就可以富不颐指气使，贫不怨天尤人，就能够健康、快乐地成长。

某著名心理学家曾经说过："足够好的父母是给孩子需要的爱，只要孩子没要求就不强行地给。而且父母要专心致志去干自己喜欢干的事。这样，孩子就会从父母身上学习到怎样生活，从父母身上得到爱，然后也会爱人。因为孩子与父母之间的情感是相互传递的，自然传递的情感可以很容易被接受。强加的、灌输的爱就像填鸭，孩子会趁父母不注意吐出来。"由此可以看出，父母要关爱女孩，但不要过度关注，否则不仅不会起到好的教育作用，还会招来女孩的反感。

★ 疼爱,但不盛气凌人

用爱浇灌女孩娇嫩的心灵是家长的责任,但是无论如何,我们都不应该把对女儿的爱建立在把女孩看成"弱者"的基础上。要知道,只有在父母理性的爱的呵护下,女孩才能独立,才能更自信有主见。如果父母对女孩的兴趣感兴趣、关心她关心的问题,女孩就会觉得父母爱自己。其实,想要让女儿有这样的体验并不是一件很难的事情。比如,当女儿请求你为她做些事情时,与其说"没问题",不如说"我很乐意去做"。另一方面,如果父母能够经常送一些小礼物给女儿,女儿也会很开心。因为在女儿眼里,她看到的不是礼物,而是父母对自己满满的爱。

3.在畏缩和胆怯面前,给女孩更多的帮助

嘲笑会让女孩的心灵更加脆弱。

煜煜今年 11 岁,是校排球队的队员。煜煜加入排球队是因为兴趣,但是她在运动方面却没有什么天赋,虽然训练比谁都刻苦,但每次比赛,她总是会犯一些错误。学校的球队并不看重比赛的胜负,不过每当煜煜出现失误的时候,她的队友们总是会冲着她喊:"煜煜,再错一次。煜煜,再错一次!"

被嘲笑的煜煜起先有点困惑,但随之而来的是羞愧和自卑,她觉得自己很傻、很笨,总是拖大家的后腿。渐渐地,煜煜变得更加羞怯和畏缩,总是

不敢和同学们说话，更加不敢看别人的眼睛，好像每一个看见她的人，都会肆意地侮辱她、嘲笑她一样。于是，上学成了煜煜最沉重的梦魇。

世界上的每一个人都不可能是十全十美的，都有自身的缺点。但是，当女孩的一些缺点成为别的孩子嘲笑的焦点时，内心原本敏感脆弱的女孩就会变得消沉、羞怯、逃避现实，进而变得畏缩、胆怯，不愿意参加学校的任何活动。虽然并不是所有人都会嘲笑她，但即使只是因为担心遭到嘲笑，女孩们也会倾向于做个局外人，从而养成胆怯内向的自卑性格。而一旦孩子变得过分谨慎，就会形成恶性循环。因为如果别的孩子发现某个女孩特别害羞，往往就会变本加厉地嘲笑她。

当我们的女儿因遭到其他孩子的嘲笑而变得畏缩的时候，作为家长，我们应该采取怎样的补救措施，以便帮助自己的孩子重新找回自信呢？

★ 摸清女儿内心的动向

一些孩子对于别人的玩笑过于敏感，如何与孩子沟通取决于我们对孩子的了解程度。父母可以问自己一些问题：我的孩子是不是特别敏感？她经常会自己嘲笑自己吗？这样的事情以前发生过吗？她与大多数的孩子相处得怎么样？

如果我们的孩子不管在什么场合都是被嘲笑的对象，而且孩子已经习以为常，这时我们就得求助于学校或者心理咨询中心了。

★ 认真倾听孩子的倾诉

因遭嘲笑而变得畏缩的女孩的内心是无比脆弱的。这个时候，她们会尝试用情感来弥补自己受创的心灵，希望得到爸爸妈妈的关心和爱护。只要父母能认真地倾听女孩的倾诉，那么，女孩一定能在父母的关怀下，走出心理困境，重拾自信。

在听完女孩的倾诉之后，我们可以试着安慰她说："这肯定让你感到非常难受。"有时，哪怕只是这样一句轻描淡写的安慰，也会让孩子感觉找到了心理的依托，从而可以充分释放心中的压抑和委屈。

★ 跟女儿一起商讨对策

仅仅安慰孩子，帮助孩子释放压抑和委屈是不够的。作为家长，我们还需要拿出一个解决问题的对策来，而"嘲笑事件"的直接受害人——女儿，则应该成为商讨对策的参与者。

开始的时候，我们不妨直截了当地告诉女儿："我记得我在你这个年纪的时候也被别的小朋友嘲弄过。"因为被别人戏弄、嘲笑是很没面子的事情，所以女孩听说父母小时候也有过同样的经历，便会觉得自己不那么孤单，同时她也会愿意继续听父母说下去。接下来，我们就可以进入正题，对女儿说："我们该怎么解决这件事呢?"

之所以要让女儿亲自参与商讨对策，是因为她们可以在解决这个问题的过程中找到成就感。这样一来，帮助女儿重拾自信也就变得容易了。

最后，父母可以问孩子："你需要爸爸妈妈为你做什么呢?"孩子也许需要，也许不需要，因为她们可能会觉得家长的介入会把事情弄得很复杂，但是作为一种选择来提供，这是很重要的。

4.赞美，让女孩因自信而优秀

赞美能增强女孩的自信心，让她取得更大的成就。

小美已经8岁了，但自小娇生惯养，什么事情都不做，家里的厨房她几乎没有进过。有一次，小美的妈妈外出，小美就突发奇想，想把家里的卫生打扫一下。于是，她把所有的房间都打扫了，地板也擦得干干净净。虽然自己做得不是特别好，但是小美的心中依然非常有成就感，因为这是自己第一次做家务。

妈妈回来后，发现小美的"杰作"，感到非常的惊奇，满脸笑容地说："小美真乖，妈妈不在家，自己都学会做家务了，真能干。"

听了妈妈的夸赞，小美心里美滋滋的。从那以后，小美就爱上了做家务。虽然爸爸、妈妈心疼，不让她做家务，但是小美还是坚持做，不断地给妈妈带来惊喜。

面对女儿给自己的"惊喜"，有的父母会毫不吝啬自己的赞美之词；而有的父母则会干巴巴地说一句"很好"；还有的父母会反过来怪自己的女儿没事找事，训斥她不好好学习。那么，你在面对孩子的"作为"时，是怎么做的呢？作为父母一定要像小美的妈妈一样，面对小美并不怎么出色的"杰作"，赞美她一下，以此来激励小美不断地进步。

由此可见，作为父母，不管你的女儿是否优秀，不管你的女儿是否能够完美地完成一件事，父母都应该以一颗平常心去对待她。或许有的父母会说："我的女儿很平常，我感觉她做的是理所应当的，根本不用表扬，也不值得夸赞。因为她有时候真的就是在帮倒忙。"其实，不是女孩不够优秀，女孩的每个第一次，每一个善意的举动，每一次微小的进步，其实都是值得父母去赞扬的。

曾经有一位母亲说："其实，我的女儿并不优秀，但是我会想方设法地找机会夸奖她。有一次，我夸她的房间比以前干净了好多。令人惊喜的是，从那以后，女儿每天都会抽出 30 分钟时间来打扫自己的房间，并且还越来越爱干净了。"这就是女孩，女孩天生爱美，同样她们天生也喜欢被赞美。尤其是父母的赞扬，更能够给她们信心和勇气。只要父母不吝啬自己的赞美，那你的女儿一定也不会令你失望。

赞美对于女孩的成长，起着举足轻重的作用，作为父母，要及时赞美女孩，尤其是在女孩有了一定进步的时候，父母的赞美就是女孩成长路上的助推器。同时，在赞美的过程中，父母应该掌握一定的方式和方法，让自己的赞美恰到好处。只有这样，你的赞美才会奏效，才能够增强女孩的自信心，让她取得更大的成就。

那么，在培育女孩的过程中，到底怎样做才能够给予女孩信心，怎样才算是恰到好处的赞美呢？

★ 赞美要发自内心，否则会适得其反

很多家长都会产生这样的困惑："我们知道赞美对女孩的重要性，我也试过很多次。但我发现，我们的女儿好像有点特殊，这样的方法在她身上根本不起作用。"看到父母的这些感慨，我们不得不去想，这些父母是怎样表扬自己女儿的呢？真的是他们的女儿对赞美有一定的抗体吗？

胡女士意识到赏识教育的好处，于是决定尝试用赞赏来教育女儿。她是这样做的，只要女儿做一件事情，胡女士都会说一句："女儿，你真棒！"一天的时间，胡女士竟然说了将近 20 个"女儿，你真棒！"

等到晚上睡觉的时候，女儿迟迟不能入睡，她摸着胡女士的额头，很担心地问道："妈妈，您今天怎么了？没事吧？"

赞美需要一定的方法和技巧，像胡女士的赞美方法，就是一种盲目的行为，最后不仅起不到效果，还会将女儿夸赞得莫名其妙。因此，父母在夸赞女儿的时候，要讲究场合，要讲究原由。否则，父母的夸赞就可能成为"伪表扬"，让女儿产生反感的心理。

★ 赞美不是简单的"戴高帽"，而是肺腑之言

面对女儿的小成就，很多父母经常以"很好"来应对。殊不知，这样简单的话语不仅不会让女儿有成就感，还可能让女儿感觉你根本不在意她，不注重她的成绩。如此一来，女孩再做任何事时，就没有了足够的信心和上进心。

甜甜趁父母不在家的时候把家里打扫得非常干净，原以为妈妈会高兴地夸赞自己，谁知道当妈妈看到这一切的时候，只是不屑一顾地说："嗯，甜甜你很自觉，妈妈很爱你。"

甜甜感到非常的失望，说了一句："真没劲。"然后扭头进了自己的房间。甜甜的妈妈一头雾水，不知哪里说错了或者做错了。

甜甜之所以会感到"没劲"，是因为妈妈干巴巴的表扬，让她感觉不到任

何的成就感。所以，在表扬女孩的时候，父母不要简单地给孩子"戴高帽"，而是应该由心而发地去赞扬她，让她真正认识到自己的长处，并在以后的学习和生活中不断地发挥自己的长处，不断地进步。

★ 即使女孩的行为你不满意，也要中肯地说一句"下次会更好"

女孩在小的时候，由于思维还不够成熟，眼界不够开阔，在做事情的时候难免会不尽如人意。那么，面对这样的情况，作为父母的你是怎样做的呢？身为父母，即使女儿做事不尽如人意，父母也应该客观地面对，对女儿进行恰当的评价。女儿做得好的地方，父母要给予鼓励和赞扬，给予她们更多的信心；而做得欠佳的地方，父母要引导女儿认识到自己的不足，并努力去弥补。

如果平时你在面对女儿的失误时，经常说："你怎么那么笨啊？这么简单的事情都会出错？""这次考试怎么就得这么点分，你这段时间干什么去了？"……其实，你这样的"恶语相击"不仅不会让女儿认识到错误，还可能让她产生强烈的反感心理，使情况演化得更糟糕。

但是，如果你能够理性地面对女儿的失误，将那些不堪的话语，改成："你已经很努力了，妈妈很喜欢。""没事，下次你一定可以做好的。""嗯，虽然你在某些方面表现的不是特别好，但是有很多方面是值得表扬的。"……相信你的女儿在这样的环境下成长，一定能够增强很多的自信，从而在人生路上潇洒地大踏步前行。

5.将女孩身上的"闪光点"点亮

发掘女孩身上的优点，让她做回自我，不断前进。

小悦悦的字写得很难看，每次写作文都会遭到老师的批评。爸爸了解到情况后，拿起女儿的作文本，认真地读起来。他发现女儿字虽然写得不好，但是语言流畅，思路明确。

"小悦悦，我感觉你写的作文很精彩，不仅思路明确，而且很有趣味。你应该继续发扬自己的文风，再把字好好地练一下。相信不久，你就会令老师和同学刮目相看的。"听了爸爸的话，小悦悦脸上的愁云不见了。

其实，女孩和男孩一样，只要父母能好好地教育，他们都可以成为非常优秀的孩子。有句话说得好"没有教不好的孩子，只有不会教育孩子的父母"。

很多女孩之所以无法达到父母预期的标准，主要有两方面的原因：首先，很多父母对女儿过多的溺爱，让孩子养成了很多不良的习惯。当她长大后，若想再去改掉坏习惯就很不容易了。其次，因为很多父母不懂得寻找女孩身上的优点，总是一味地挑孩子的毛病，甚至采取暴力的形式，强制性地改掉孩子的缺点。

正是因为上述两种原因，使很多父母无法认清自己的孩子，尤其是对天性柔弱的女孩。在父母的眼中,女孩是文静的,不像男孩那样调皮,也不具备男孩的动手能力和创新意识。在很多父母眼中,女孩似乎没有值得表扬的地方,也就是因为这样,女孩的很多优势在不知不觉间被湮灭了。

我们细心观察就不难发现,很多女孩在很小的时候非常喜欢讲话、动手,但是当她们渐渐长大后,那些天生的活泼和聪慧,似乎就看不见踪影了。其实,并不是女孩没有优点,而是父母在培育女孩的过程中,忽视了女孩自身的优点。如果一味地按照自己的意愿培养年幼的女儿,那么慢慢地,女孩那些幼儿时期的天生的特性,就会在生活和父母的压制下脱离了她们,从而真正变成了一个平庸的女孩。

相信每位父母都希望自己的女儿能够在芸芸众生中脱颖而出,成为有思想、有品位、有人格、有主见的新时代女性。因此,父母应摒弃以往的传统观念,不断地发掘女孩身上的优点并督促她加以发扬。只有这样,你的女儿才可能做回真正的自我,充满信心,不断前进。

★ 客观地评价你的女儿

很多父母有攀比心理,每当看到别人家的女儿考试总能拿优,而自己的女儿却经常不及格,便会感觉女儿很笨,甚至还会将这种情绪蔓延到日常的生活中。每次看到其他女孩穿着雪白的裙子在院子里"飞舞"的时候,就会想起自己那满身脏兮兮的女儿,感觉自己的女儿活像一个"乞丐"……

很多时候,父母在这种攀比心理的驱使下,无法客观地评价自己的女儿,总是喜欢拿女儿的短处去和别人的长处比,自己的女儿自然就会显得逊色了。

身为父母,不应该总是拿自己的女儿与他人作比较,而应该发掘女儿身上的长处,对女儿充满信心。只有这样,你才可能给予女儿更多的信心。

★ 父母要在生活中发现女孩的优点

每个女孩身上都有优点,只是父母没有发现而已。就犹如世界上有千里马，如果你不是伯乐，就找不到千里马一样。也许一个女孩会在某一方面表现得不优秀，但在另一方面或许有优于别人的长处。如果父母只是盯着女孩的缺点不放，并总是将女儿的缺点挂在嘴边，那么女儿是永远不可能有信心的。父母只有不断地挖掘女儿身上的宝藏，寻找女儿的优点，才可能为女儿指明未来努力的方向，让她赢得更加优异的成绩。

★ 制造表扬女孩的机会

前面讲过，表扬不可以虚伪，而是要发自内心去表扬一些值得表扬的内容。所以在表扬时，父母不仅要抓住女儿的优点进行表扬，还要在女儿很认真地完成一项任务，即便结果不尽如人意的时候，也给予表扬，认可女儿的付出。只有这样，你的女儿才不会在失败中失去信心，在挫折中迷失方向。

如果你的女儿字写得不好，那就可以让她每天认真地临摹 5 张字帖，当她真的完成后，你就可以表扬她："你真的很棒，居然完成了。相信如果这样坚持下去，过不了多久，你就可以写出一手好字了。"如果你的女儿平时总是乱丢东西，你可以让她坚持每 3 天打扫一次自己的房间，如果她做到了，你依然可以表扬她。为了得到你更多的表扬，她就会不断地收拾房间，时间一久，就会形成一种习惯。

细节 5 | 习惯：如何教出生活独立、有条有理的女孩

父母不是女儿一辈子的依靠，

她终究是要独立的。教她养成一个好的习惯，

等于给了她一个好的未来。

良好的生活习惯能给她更精彩的人生。

总有一天，你会放开她的手，

与其将来忧心忡忡，

不如现在开始打造她有条理的生活。

1.渐渐放开女孩的手

要让女儿尽快独立，帮助她摆脱对父母的依赖。

小玉妈妈这个家庭主妇当得可真不轻松。每天下了班回家，除了要服侍年迈的公婆，打理一家人的衣食住行，还要照顾小玉。每天下来，她都会累得筋疲力尽。

特别是宝贝女儿小玉，已经9岁，上小学三年级了，还是什么都不会做，什么事都要让妈妈亲力亲为。

小玉妈妈尽力事先替女儿做好一切，但偶尔也会有"疏忽"，这时便会被弄得手忙脚乱。昨天，她加班回来已经很晚，忘了把小玉第二天要穿的衣服准备好。早晨，小玉醒来后就冲着正在厨房忙碌的妈妈喊："妈妈，今天穿哪件衣服？""妈妈，穿哪条裤子？""妈妈，穿哪双鞋？""妈妈，过来帮我系鞋带！"满头大汗的妈妈不禁感叹："唉，这孩子，怎么这么依赖大人，一点独立性都没有！"

依赖心理是父母培养女孩养成独立自主的好习惯的大敌，它会使女孩心安理得地享受父母给予的一切。这时，博爱、尊重、义务便会悄悄地从女孩的心灵中淡化，责任心也慢慢地流失。父母作为女孩的第一任老师，不管希望她将来干什么，都要让她摆脱依赖心理，增强对困难的承受力，养成良好的生活习惯。

依赖心理强的女孩的一个突出表现就是缺乏自信、没有主见，总觉得自己能力不足，需要得到别人的帮助，不愿动脑筋，也不善于动脑筋，人云亦云，遇事希望家长或老师为自己作决定。比如，在学习上，希望老师给予细心指导，复习功课希望同学能带领自己一同进行，背诵默写希望别人帮助自己等。久而久之，女孩就会养成遇事缺乏主见，遇事甘愿置身于从属地位的不良习惯。

美国心理学家戴尔曾经说过："孩子需要一定的空间去成长，去试验自己的能力，去学会如何对付危险的局势。父母不要为孩子做任何他自己能做的事。如果父母过多地代劳，就剥夺了孩子发展自己的能力的机会，也剥夺了他的自立及信心。"女孩的成长是身体和心理成长的组合，有的女孩吃得好、穿得美，而心理的"营养"却被忽视，失去了锻炼自立能力和生存能力的机会。这样的女孩或许在学习上是优等生，可一旦离开学校走向社会，就会成为寸步难行、困难重重的"劣等生"，甚至被淘汰。所以，消除女孩的依赖心理是帮助她成长的一大关键。

具体来说，父母可以从以下几方面入手帮助女孩摆脱依赖心理。

★ "别管"女孩

有一首歌的名字叫"有一种爱叫作放手"，这首歌讲的虽然是恋人之间的感情，但单就这句话来说，对于教育女儿也同样适用。儿童心理学研究表明，孩子其实是喜欢自己做事情的，他们喜欢说"我能"、"我自己来"，等等。因此，父母应该顺应女孩的天性，放开她的手，让她大胆去做感兴趣的事情。这不仅对培养女孩的自理能力很重要，同时也培养了她的吃苦精神和责任感，增加了她的基本生活常识和劳动能力，使她学会对自己的生活和行为负责，真正地长大成人。

父母要想对女孩放手，就要做到"别管"。"别管"女孩，培养她克服困难、迎接人生各种挑战的心理素质和实际能力；"别管"女孩，给她提供锻炼的机会，让她自己独立地处理问题。这种"别管"的做法，能让女孩变得独立、自主、自强，让她完成自己力所能及的事，并从一次次的成功体验中增强自信心。当然，"别管"绝不是放任自流，而是建立在了解女孩的能力范围、尊重她的情感的基础上。

★ 适时地在女孩面前夸奖别人

依赖心理使女孩缺少做事的主动性，而女孩既有依赖父母的心理，也有争强好胜不服输的天性。父母摸清女孩的这种心理，可以有意识地在她面前夸奖别人，以此来激起她不服输的心理。这样，女孩就会变得主动，而父母也就达到了消除女孩依赖心理的目的。

白灵是一个可爱且聪明的女孩，什么都好，就是对父母有着很强的依赖心理，几乎什么都需要父母帮她做，连每天起床都需要妈妈催促很多次才动身。有一次，白灵的妈妈听说邻居家的孩子上学起床从来都不需要大人叫，而且一次都没迟到过。回家后，妈妈当着白灵的面夸奖邻居家的孩子，白灵听后不服气地说："我也能做到。"晚上睡觉前，白灵把闹钟调好。第二天早上，听见闹钟响后，白灵很快就起床了。

成长是一个循序渐进的过程，要想消除女孩的依赖心理，父母就不要怕麻烦，不要嫌女孩添乱、费时，也不要嫌她做得不好。只要女孩能参与，父母就应以鼓励为主，对她的进步给予充分肯定，勉励她下次做得更好，让她慢慢进步。这样既减轻了父母的压力，也可以帮助女孩养成独立自主的生活习惯。

★ 改变对孩子说话的方式

女孩在路上不小心跌倒后，很多父母往往会赶紧扶起她，然后心疼地问："是不是很痛？"如果看到女孩无精打采，就会紧张地问："是不是头痛？"这种问法会使女孩不假思索地回答："好疼。"这无形中加深了女孩的依赖心理，因为女孩即使只是有点痛，但听到父母这么一问，也会眼泪汪汪地说"很痛"。所以，父母应该改变问话方式，用"不痛吧"取代"痛吗"。这时，女孩会很自然地回答："不痛!"

如此，不但有助于消除女孩的依赖心理，还有助于培养她的吃苦精神，从而帮助她形成良好的生活习惯。

2.让她成为一个生活有条理的人

有条理的生活会让女孩养成良好的生活习惯，将来才能更好地驾驭人生之帆。

"妈妈，我的书包呢？"张女士在厨房忙着做早餐的时候，听到5岁的女儿在房间大喊。于是张女士赶紧跑过去，原来是女儿的书包找不到了。"你昨天不是自己背着回来放到房间的吗？你自己好好找找，妈妈还要做饭呢。"妈妈说完出去了。

面对妈妈的不理睬，女儿很生气地说："我不管，你赶快给我找到，我一会儿还要去上学呢。我记得我昨天就放在客厅了，肯定是你给我收起来了。"

女儿一直以来就有丢三落四的毛病，张女士知道这样下去不行，于是决定这次要教育女儿一下，所以，任凭女儿在房间大喊大叫，也不理睬。这时，邻居阿姨把不见的书包送了过来，说："欣欣昨天在我们家写作业，居然连书包都落在了我们家。"这时候，女儿哑口无言，小脸涨得通红。从那以后，她再也不会丢三落四了，总是将自己的东西整理得整整齐齐。

人们的生活水平日益提高，生活节奏也随之加快，只有有条理地生活和工作，才可能使人们在嘈杂的社会中保持一颗宁静的心。作为一个女孩，能够有条理地工作和学习，才可以完美地体现出女性的自主意识。

虽然女孩天性比较柔弱，但这并不代表女孩无法主宰自己的命运，也不代表女孩是社会的弱势群体。一个自主的女孩，是可以掌握自己的命运的，她能够将柔弱与刚强相结合，打造出自己的一片天地。

然而，在生活中，很多父母却忽视了培养孩子的自理能力。他们总是抱怨：我的女儿每天放学回家，就把书包乱扔，什么事都不管就出去玩，帮她捡书包都成了我每天的固定工作了；我的女儿玩具非常多，但就是不知道自己收拾，一进她的房间，满地都是玩具，真是愁死人啊；我的女儿也总是乱扔东西，等到她用的时候，找不到还乱发脾气……这些现象在我们的生活中屡见不鲜，造成这种现象的主要原因，就是父母在孩子小的时候没有培养她们做事有条理的习惯。

一个女孩做事是否有条理，是否具有一个好的习惯，主要取决于父母是否在最关键的时期，给予女孩一种良好的教育方式。父母如果能让女儿在小的时候就潜移默化地形成一种良好的习惯，那么20年后，她就会成为一位生活有条理的优秀女性。

那么，父母到底怎样做，才能够培养女孩形成做事有条理的习惯呢？

★ 父母要做到有条不紊

父母对孩子的影响是非常大的，如果父母在生活上做不到有条理，每次打开衣柜都找不到自己想要穿的衣服，看完报纸随便一扔，换下的衣服不及时清洗……在这样的环境下，要想培养一个生活有条理的女孩，简直就是天方夜谭。因此，父母首先要做到言传身教。

父母在做事情的时候，要表现出自身的责任感，展现给女儿一种认真负责的态度。这样教育出来的女儿，以后才可能成为负责任的女孩。父母在家做事的时候不要拖沓，要积极勤快，有脏衣服要赶快洗，家里脏了立刻打扫，在上班之前先把家里的卫生打扫一下，饭后的碗筷不要等着下次做饭的时候再洗……

在女儿小的时候，父母要展现出这种良好的习惯，并做出榜样。这样，女儿才可能成为一个具有良好习惯的人。另外，父母还要知道，培养女孩做事有条理并不是一朝一夕的事情，它是一个漫长的过程，这就要求父母也要坚持自己做事始终有条理。

★ 教给女儿日常生活中的基本秩序

小雪刚一回家还不到两分钟就开始"嚷嚷"："妈妈，我的毛绒娃娃呢？你快帮我找找。"不一会儿她又开始喊："妈妈，我那件粉色的连衣裙在哪里，我们明天有比赛，我要穿。"

小雪今年都已经 8 岁了，但是自己的事情从来没有独立完成过，什么事情都要父母为她去做。听到女儿的叫声，小雪的妈妈不禁陷入了苦闷："孩子做事一点条理都没有，以后怎么办啊？"

相信很多父母都遇到过这样的情况，小雪妈妈的苦恼也是很多父母所苦恼的。面对这样的情况，父母千万不能着急，而应该采取正确的方式，及时地引导女儿，让她们认识到生活有条理的重要性。

父母平时要留心观察女儿的举动，如果有不正确的地方，父母要及时地指出，并提供建议或方法让她加以改正；当女儿要做的事情非常多的时候，要教会女儿根据轻重缓急来安排好做事的顺序。在女儿排好顺序后，父母要做一下检查，不合理的地方要指出，并说出不合理的理由。

上面说的是针对年龄稍微大点的女孩来讲的，对于年龄比较小的女孩，父母可以从平时的穿衣吃饭上来教导女儿。比如在平时的时候，可以教女儿给芭比娃娃换穿衣服。在换的过程中，父母要口述穿衣和脱衣的具体步骤。然后在给女儿穿衣的时候，再次将步骤陈述。

★ 为女儿制定合理的作息表

要想让女孩形成做事有条理的习惯，首先要保证女孩有规律的生活。一个在生活上没有规律的女孩，在做事的时候又怎么可能做到有条不紊呢？这就要求父母能及时地帮助女儿定立合理的作息表，并严格地执行。

父母要根据女孩不同的年龄阶段，制定不同的作息表。作息表要明确规定每天的起床时间、睡觉时间、玩游戏时间、看电视时间等。在女儿要去做一件事情的时候，父母一定要告诉她们，怎样才可能将事情做好，在做事的过程中应该注意什么，给她们设定一个大的框架。

久而久之，你的女孩就会成为一个生活有条理的人。在不久的将来，她们就可以驾驭自己的人生之船，主宰自己的命运了。

3.从小培养女孩的卫生习惯

良好的卫生习惯让女孩健康快乐地成长。

奇奇的妈妈是位医生，因为职业的关系，她特别注意培养女儿的卫生习惯。妈妈总是对奇奇说："记住，饭前便后一定要洗手哦。只有做个讲卫生、爱清洁的女孩子，别人才会喜欢你。"

奇奇不懂了，奇怪地问："为什么饭前便后要洗手?"

妈妈告诉她："因为手每天都要碰各种各样的东西，会沾染很多细菌，要是在吃饭前不洗干净，就会把细菌吃进肚子里，然后就会长出虫子来。肚里长了虫子，就要去医院打针吃药了。"等奇奇稍大一点，妈妈还进一步告诉她，饭前便后洗手可以预防各种肠道传染病、寄生虫病。听了妈妈的这些话，奇奇果然在每次吃饭前、排便后，都主动去洗手盆那里把小手洗干净。

女孩爱干净、讲卫生，让人觉得舒服。女孩长大、成家以后大多会担负起照顾整个家庭的工作，如果一个女孩从小就不讲卫生，那么将来怎么能很好地照顾整个家庭呢?

讲卫生不仅在一定程度上体现了一个人的修养和素质，更重要的是，讲卫生是健康的基础。小女孩由于生理原因，抵抗力会相对较弱，小时候如果不讲卫生，往往会大病、小病不断，长大了往往很难拥有一个健康的身体。所以，对于女孩来说，邋遢、不讲卫生不仅会给他人留下很不好的印象，还不利于女孩的健康成长。

因此，为了让女儿能够拥有一个健康无忧的未来，父母一定要做到以下几点，以便培养孩子养成讲卫生的良好习惯。

★ 饭后漱口，早晚刷牙

虽然刷牙、漱口是日常普通的活动，但是有不少女孩却做得并不对。因此，父母一定要教给女儿正确的方法，让女儿饭后漱口，早晚刷牙；应教会女儿刷牙时顺着牙缝上下刷，由外侧到内侧，这样才能刷掉残留在牙缝中的食物残渣，保护牙齿，预防龋齿。

此外，父母还应该告诉女儿不刷牙的后果，从而让女儿对口腔卫生给予足够的重视。

★ 勤洗手，勤洗脸

孩子小，自我控制能力有限，累了，或者是玩高兴了，就会忘记清洁手和脸。因此，父母一定要做好监督工作，让女儿养成早晚洗手、洗脸，外出回家、吃东西前均洗手的习惯，还要教育孩子饭前、便后主动洗手，弄脏手、脸后随时洗净。

★ 勤理发，剪指(趾)甲

别看女孩年纪小，有的也想要把指甲和头发留得长长的，拥有纤纤玉手和飘逸的长发。父母们应该纠正女儿的这种坏习惯，告诉她们头发以整洁、大方为宜。而指（趾）甲长了，不但藏污纳垢，很不卫生，而且也不方便做事。

★ 衣服也要常常换洗

一般来说，女孩的衣服最好能够1~2日换一次。虽然女孩并没有男孩淘气，衣服不容易脏，但是让女儿勤换衣服不仅是为了保持干净，更重要的是为了培养一种爱干净、讲卫生的习惯。

总之，孩子的自控能力不足是客观存在的事实。作为父母，应当勤督促、多指导，多用语言鼓励女儿，使女儿逐渐养成讲卫生的良好习惯。

4.早睡早起身体好

早睡早起的女孩内心充满阳光。

"君君，你看已经快 12 点了，赶紧睡觉，你明天还要上学呢！不然明天上学又要迟到了。"妈妈在房间里喊道。

"你烦不烦啊，我看会儿电视你也要管！你们先睡吧，我看一会儿就去睡觉。"君君不耐烦地说。

这时候，妈妈已经穿上睡衣从房间走了出来："乖，不是妈妈不让你看，你看现在都几点了，明天上课又没有精神了。"

"行了，你就让我看看吧，明天上课没精神是我的事，你不用管。"无奈之下，妈妈只好去睡觉了。

凌晨两点，君君才摸索着回到自己的房间。第二天她不仅迟到了，而且上课的时候眼皮还不停地"亲密接触"。放学回到家，她连作业都没有做，就扎到房间呼呼大睡去了。

当一个人极度劳累的时候，睡眠就是解除疲劳的良药。对于女孩来讲，养成按时作息、早睡早起的习惯至关重要。良好的作息习惯不但让女孩的身体健康得到很好的保障，还能让女孩精力充沛，延缓衰老。

相信很多家长都应该知道，早睡早起有利于孩子的健康，对于女孩来讲，早睡还可以起到美容的作用。但是，当今社会，孩子爱睡懒觉，早晨不能按时起床，依然是很多父母面临的一大难题。

其实，在现实生活中，很多父母已经意识到按时作息的重要性。在培育女孩的时候，非常注重让女孩养成按时作息的习惯。但是，还有很多的父母全然不知早睡早起的好处。自己工作之余，带头看电视，而且一看就一发不可收，不顾及女儿明天还要上课，直到电视台说"晚安"的时候，才意识到该睡觉了。

殊不知，在睡觉前看电视，是最容易让大脑兴奋的。科学研究也充分证明，熬夜不仅影响到女孩的身体健康，还会对女孩的生活和学习造成极大的影响。

女孩养成早睡早起的习惯，不仅有利于身心的健康，还可以精力充沛地进行学习。早睡早起的女孩，内心充满阳光；早睡早起的女孩，在任何时候都懂得控制自己；早睡早起的女孩，有一个乐观的心态；早睡早起的女孩，始终都能够带给别人快乐……所以，父母在女孩小的时候，就应该培养她早睡早起的习惯。

★ 给女孩提供一个舒适的睡眠环境

一个舒适的环境可以让女孩很快入眠，可以让她们的大脑在睡觉前保持放松，避免过多地考虑问题。女孩只有睡好了，才可能保持精力充沛，才可能轻松地迎接明日的朝阳。

女孩一般都有自己的房间，父母应该为女孩提供最为舒适的基本设施。

比如女孩的床铺要符合女孩的要求，晚上的时候不要开着灯睡觉，这样才有助于女孩产生睡意，进入梦乡；睡前可以为女孩播放一段催眠曲；可以为女孩制定一套合理的作息计划，让女孩每天坚持合理的作息习惯。

作为女孩的父母要知道，会休息的女孩才会学习。因此，只要你能够给女儿提供舒适、安静的休息环境，你的女儿就一定可以睡个"香香觉"。保证女孩良好的睡眠，父母要注意：

★ 让女孩不再害怕黑夜

有很多的女孩在黑夜来临的时候，关掉所有的灯，往往会表现出焦躁不安的情绪。这个时候，父母就要表现出对女孩的体贴和关心，告诉她黑夜什么都不会发生，只要一闭上眼睛，什么都不想就可以入睡了。

对于怕黑的女孩，父母在平时的时候，可以买一些书籍给她看，或者在睡前给她讲故事，在故事的催眠下让她安心入睡；如果女孩真的很害怕，那就不妨为她留一盏小灯，或者在她的床头放一个手电筒，让她的心理得到安定的寄托，从而感到放心。

★ 让女儿一身轻松地睡觉

只有保持身体和大脑的双重放松，女孩才可能睡个好觉。对于这一点，父母就要从生活的点滴中督促女孩了。

"妈妈，我该睡觉了，明天我还要上学呢。"秀儿天真地说。

"秀儿真乖，那咱们就睡觉，不过，睡觉之前要先做一些事情，知道是什么吗？"妈妈提醒道。

秀儿站了起来："妈妈，我当然知道，那就是洗脸刷牙，全身放松之后再睡觉，你说对吗？妈妈。"妈妈满意地笑笑："秀儿真聪明，那我们就开始行动吧！"说完，母女两个就双双去了洗手间。

　　要想女孩好好地睡觉，父母就应该让她学会放松，只有放松了，她们才能够安心地入睡，并且爱上睡觉。当然，这个睡觉是有时间限制的。为了让女儿更好地放松，在睡前父母可以带她到阳台上进行深呼吸，放松了心情，然后洗漱，最重要的是要洗脚，脚是人体的第二心脏，它舒服了，人才能舒服。

5.锻炼女孩独自睡觉

无论出现什么状况，让女孩独自睡觉的原则都不能打破。

　　晓枫从小就喜欢跟妈妈一起睡。

　　有一天，妈妈对她说："晓枫长大了，要自己睡觉了！"晓枫明确表示不愿意。妈妈说："你自己睡，就可以自己布置自己的房间了。妈妈给你买了你喜欢的被子，那上边还有你喜欢的卡通人物呢！你愿意去看看吗?"

　　妈妈带晓枫走进她的房间，晓枫非常喜欢。在拥有一个自己喜欢的房间的引诱下，晓枫终于同意一个人睡觉了。

　　女孩身体比较弱，晚上蹬被子会生病；女孩怕黑，从小就跟妈妈睡，一时让她自己睡，她会不习惯……因此，生活中，有很大一部分女孩尽管已经十来岁了，但仍是跟着妈妈睡觉。这对女孩来说并无裨益，甚至存在多方面的危害。

父母不应该只看到让女儿独睡带来的麻烦，更应该看到带着女儿一起睡所带来的负面影响。

首先，让女儿跟父母一起睡，会使得女儿始终依赖父母，很难真正做到独立自主。

其次，让女儿跟父母一起睡会影响夫妻感情交流，从而影响到亲切、和谐的家庭氛围的营造，而良好的家庭氛围是女儿健康成长的必要条件。

不仅如此，夹在父母中间的女儿就如同生活在夹缝中，父母呼吸的是新鲜的空气，而留给睡在中间的女儿更多的是爸爸妈妈呼出的空气。没有新鲜、充足的空气，对女儿的健康成长也很不利。

由此可见，让女儿一个人睡觉是十分有必要的。但是，要让从小就跟父母睡的女儿一个人睡觉似乎并不是一件容易的事情。生活中，有许多父母都败在了女儿声嘶力竭的哭声和楚楚可怜的泪水之下。其实，让习惯跟父母一起睡的女儿独睡也并不是很难，关键是方法正确。

★ 告诉女儿独睡是长大的标志

一开始要求女儿独睡时，女儿很容易产生这样的想法：爸妈不再爱我了，不要我了。因此，父母一开始就要跟女儿解释清楚：独睡是一个人成熟、长大的标志，是勇敢的象征，每个人都会经历这个过程，这是很自然的，爸爸妈妈对你的爱不会因为你自己睡而有丝毫的减弱，反而会以你为荣。

★ 为女孩营造舒适的睡眠环境

为了让女儿独睡，父母不妨给女儿一点诱惑——让女儿自己布置房间，就像例子中晓枫的妈妈一样。父母可以让女儿自己挑选她喜欢的颜色、图案来布置自己的房间。一旦女儿喜欢这个环境，那她自然就很愿意睡在这个房间了。

★ 为女孩做好充分的睡前准备

在女儿独自睡前，先帮助女儿做一些常规的睡前准备工作，如刷牙、上厕所、脱衣服等，一来可以给女儿一个心理暗示——该睡觉了；二来，可以让女儿因此而做好睡觉的心理准备。当然，如果女儿还小，对黑暗有着与生俱来的恐惧感，那么父母也可以不必坚持让女儿睡觉时把灯全关掉。留下一盏灯光柔和的床头灯，会让女儿更快地入睡。

★ 及时的鼓励让女儿更爱独睡

当女儿一个人睡觉起床后，尤其是第一晚，父母不妨多说些鼓励、赞扬的话。比如"你昨天的表现很好，妈妈喜欢能自己睡觉的女儿"、"我们女儿是个大人了，能一个人睡觉了"之类的赞美之词，这些词语不但可以强化女儿的独立心理，还能让她产生成就感和自豪感，减少女儿由于与父母分床睡带来的孤独感觉。

★ 帮女儿战胜恐惧

其实女孩不喜欢独自睡觉，主要还是出于对黑暗的恐惧。小女孩晚上怕黑，如果独处，她就会感到恐惧焦虑，因此不愿意独自入睡。相反，如果与父母一起睡，她会在心理上有种安全感。因此，要想让女儿一个人睡，父母就一定要想办法帮助女儿战胜恐惧。常用的、比较有效的方法是：将女儿的床靠墙摆放，在床上多摆放一些绒毛玩具或是柔软的抱枕等让人觉得温暖的东西。空荡荡的视野会让她觉得不安，而充实的视觉感会让她觉得安全。此外，父母还可以陪女儿一会儿，等女儿睡着了再离开。

在女儿尝试自己一个人睡觉的时候，许多父母也不放心女儿，担心女儿不小心蹬了被子着凉、掉下床等，这些都是合理的、可以理解的。但是父母切不可为了这些担心而放弃让女儿独睡，宁可夜里多起几次看顾女儿，也一定要坚持让女儿养成独自入睡的习惯。

★ 训练女儿独睡不妨循序渐进

训练女儿学会独自睡觉是一个循序渐进的过程，父母切不可急于求成。一些父母在意识到自己的女儿需要独自睡觉时，就马上采取行动。一旦女儿独自睡觉出现各种问题，就立刻让女儿搬回父母的房间。这样做当然只能以失败告终。父母应该有耐心，根据自己女儿的性格来慢慢引导女儿。当训练女儿自己睡觉出现问题时，也应该想办法解决问题，不过，让女儿独睡的原则是不能打破的。

6. 会做家务的女孩最美

让女孩发现劳动的乐趣，爱上劳动。

5 岁的燕妮又在和小朋友玩过家家的游戏，燕妮扮演的是"妈妈"的角色……

当燕妮的妈妈看到时，非常的生气，感觉女儿什么事都不做，整天弄这些没有意义的事情，会耽误女儿的前程的，于是就打算上前阻止。这时候，燕妮的爸爸拉住了她，说："别去阻止孩子，人家玩得正开心呢。"燕妮的妈妈非常生气："你说什么？你居然容忍女儿玩这样的游戏，她小小年纪懂什么，这样会害了她的。"

燕妮的爸爸把妈妈拉回了房间，笑着说："我倒感觉应该让女儿了解这些，虽然女儿现在很小，但总有一天她要去持家，难不成你还要等到她成家后，再教她怎样持家不成？"燕妮的妈妈终于明白了爸爸的意思，从那以后，再也没有试图去阻止燕妮玩过家家的游戏，而是经常让燕妮帮助自己一起"持家"。

美国哈佛大学有关人员，曾经对 456 名青年人的童年进行了调查，最后得出结论：抛开智力的高低以及家庭背景的不同，童年时期爱劳动的人，比那些不爱劳动或者父母不让劳动的人要快乐。我国的一项研究也表明，那些从小就能自理的人，在未来的生活工作中，责任心以及自觉性都较强，情绪也比较稳定。

由此可见，在女孩小的时候，就应该培养她爱劳动的习惯。因为女孩在 20 年后，所要把持的不是自己，而是整个家庭。

然而，在现实生活中，有很多的父母却经常抱怨，说自己的女儿都七八岁了，还不会自己穿衣服、系鞋带；十几岁了，连自己的房间都不会收拾。还有很多父母表示说：自己的女儿非常懒，叫她做事情总是拖拖拉拉，甚至就原地不动，好像没有听到叫她似的。其实，造成这些现象的原因并不是女孩的问题，而是父母在教育女孩的时候，采取的方式不对，抑或是父母从小心疼女孩，什么事情都不让她做，自然而然就形成了女孩"懒"的现象。

作为女孩的父母要知道，只有让女儿积极地参与家庭生活，她们才能够切身体会到真正的归属感，才能够感受到生活的真谛。每一个女孩都是以工作和劳动为荣的，如果她从小就学着付出劳动，慢慢地逐渐成熟的她，就可以找到成就感，生活也会更加幸福。女孩在工作的时候，也不仅仅是为了生存，而是为了在工作中获取一定的乐趣，在工作中实现自己的人生价值。

如果父母用心去观察年幼的女儿，就会发现，当父母让小女孩去做一件事情的时候，她不仅不会讨厌，而且会很乐意帮忙。无论是擦家里的地板，还是家具上的灰尘，只要你让女孩去做，她就不会拒绝，而且会非常认真地去完成。只是在这个过程中，很多父母不愿意花费时间和精力教女儿怎样去做，认为凡事只要自己能完成，就没有必要花费那些时间让女儿去做。

殊不知，只有让女孩从小就试着做一些力所能及的家务，才会在无形中帮她形成一种对家庭的责任，更有利于她以后能更好地持家。父母要知道，抚养女孩并不是培养一个"衣来伸手，饭来张口"的"富家千金"，而是要培养一个热爱劳动、具有气质、能够持家的优秀女性。

★ 父母首先要端正自己的劳动态度

自身就懒惰的父母，是不可能塑造出一个勤快持家的女儿的。所以，父母在日常的生活中，首先要端正自己的态度。否则女儿就会模仿你们的"懒"，不听取你们的教导。

小敏今年 8 岁了，平时的时候，饿了妈妈给做饭，渴了爸爸给端水。有一次，家里来了客人，妈妈一个人在厨房忙不过来，便说："小敏，来，帮妈妈把阳台的菜拿过来。"可是，小敏不仅没有按妈妈说的做，还大吼道："你自己不会拿啊？我在看电视呢。"

"乖，妈妈正忙着呢。快去！"

小敏大叫道："我就不。你平时让爸爸帮你的时候，他都不帮你，我也懒得帮你，你自己去拿吧！"

很多时候，女孩不爱做家务主要是因为受父母的影响，父母只有在日常生活中勤于做家务，给女儿做个好的榜样，她们才可能有意识地打造自己，成为勤劳持家的"小主人"。比如在晚饭过后，父亲可以将碗筷收拾好，并对母亲说："你做饭已经够辛苦了，我来刷碗吧。"晚上全家人围坐看电视的时候，母亲可以端上一杯热茶，对父亲说："你辛苦一天了，喝点茶吧。"……在这样的家庭氛围下，就算你不对女孩说教关于做家务的事，她们也可以从父母的行为中学到很多东西，比如为他人着想、热爱劳动、相互体谅等。

另外，父母在日常的生活中，不可以有"我不想去做"、"怎么都这么懒，做事的时候没人，吃饭的时候一个比一个积极"之类的话语，因为，这样的埋怨只会让女孩产生惧怕劳动的心理。

★ 让女儿做一些力所能及的家务

现在父母让孩子"衣来伸手，饭来张口"地过生活，只会让女孩越来越懒，始终体会不到父母的艰辛。有句话说得好，"不当家不知柴米油盐贵"，要想让女孩在将来更好地持家，在女儿小的时候，父母就应该让她学会持家。学习持家最好的方式就是让女儿在小的时候就学着做一些力所能及的事情。

比如，早上起床后，让女儿自己叠被子、收拾自己的房间；全家人在一起包饺子的时候，让女儿也加入你们的行列；当你打扫卫生的时候，让女儿也做你的"助手"……当女儿渐渐长大的时候，父母就要让女儿学习做饭洗衣，甚至更多繁重的家务。只有这样，女孩才能感觉自己是家里的一分子，自己必须对家庭负一定的责任。

★ 带女儿参加一些公益劳动

女孩天生就是善良的，父母可以抓住这一点，经常带女儿参加一些公益劳动，让她在爱心的驱使下付出自己的劳动，并爱上劳动。在春天来临的时候，父母可以带着女儿去植树，为世界增添一分绿色。在劳动中，父母要为女儿讲解植树的好处以及怎样植树；冬天来临的时候，父母可以带着女儿去清扫街上的积雪，并告诉女儿要学会为别人开路；假期的时候还可以带着女儿去敬老院或者孤儿院，让女儿学会帮助那些需要帮助的人……

如此一来，女孩就可以在劳动中体会到无穷的乐趣，这样就能爱上劳动。而 20 年后，她们就可以成为一个持家有方的好女人、好妻子、好母亲。

7. 不做"拖沓女"

送走昨天迎接明天的最好方式就是活好今天。

若冰家离学校只有 5 分钟的路程，但她却经常迟到，而导致她迟到的主要原因就是她的拖沓。

每天早上，妈妈做早餐时就会叫她："冰冰，快点起床了，妈妈在做早餐，你吃完就可以去上学了。"若冰迷迷糊糊地说："知道了，妈妈，我马上起。"但是等妈妈把早餐都做好了，若冰却还在慢悠悠地系衣服的扣子。妈妈急切地说："你就不能快点吗？还有半个小时就上课了。"

等若冰穿好衣服，又开始在客厅不停地穿梭，妈妈忍不住地说："你还不去洗脸刷牙，还在转什么啊？"

"妈妈，我的书包还没有整理呢。"若冰调皮地说。

"昨天晚上不是告诉你，把书包整理好吗?"妈妈追问道。

若冰说："我想今天早上整理也不迟啊。"说完就开始满屋子地找书。等到收拾完的时候，上课时间已经到了。

很多父母在生活中都经常遇到若冰妈妈所遇到的这种情况，这就是女孩拖沓的表现。那么，是什么导致女孩有这种拖沓的行为呢? 研究表明，造成女孩拖沓的原因，不是遗传基因，也不是孩子不够聪明或者孩子有什么病，而是因为父母在女儿小的时候没有做出及时的引导和教育，最后才导致拖沓成习。

拖沓的习惯会影响一个人的生活和工作。一个做事拖沓的女孩，在工作中没有效率，在交友中很难找到知心朋友，在生活中很难得到家人的体贴和理解……所以，在女孩小的时候，父母就应该教她养成做事麻利、珍惜时间的好习惯，不仅对女孩的成长有很大的帮助，对她们未来的生活和工作同样也大有裨益。

细心观察，我们就会发现，那些学习成绩优异的女孩，都是支配时间的高手，她们很清楚什么时间做什么事，什么时间内必须完成什么事。如此一来，这些女孩就可以在相同的时间内完成更多的事情，最后必然可以取得更加优异的成绩。而那些做事拖沓，今日事拖到明日的女孩，往往不懂得怎样利用自己的时间，她们缺乏良好的时间观念，最后只能是"事倍功半"。

很多女孩在成长的过程中，喜欢将希望寄托于明天，而忽视了今天的重要性。殊不知，送走昨天迎接明天的最好方式就是活好今天，也就是今日事今日毕。因为明天我们还有明天的事情要做，如果将今天的事情拖到明天，明天的事情拖到后天，长此以往，人就会产生极强的拖沓习惯，甚至在无法完成的工作中失去了积极性。

作为女孩的父母，一定要明白时间对于女孩的重要性，在女孩小的时候就注重培养她们珍惜时间的习惯。在培养过程中，可以参考以下几点：

★ 合理制定计划，用鼓励保证执行

要想让女孩学会珍惜时间，就必须有合理的学习计划或者工作计划。在帮助女孩制定计划的时候，父母不可能将每一个细节以及可能产生影响的因素考虑在内。在制定计划的过程中，可以先制定一个大体的概况；在执行的过程中，如果出现什么问题，可以再对该计划进行一定的修正和调整。

在计划制定好之后，最重要的就是坚持。女孩在小的时候，要坚持不懈地做一件事情是不容易的，这个时候就需要父母不断地督促和鼓励。

罗欣的妈妈给她制定了一个学习计划，每天早上 7 点起床。罗欣在刚开始的时候，很认真地执行着这个计划，妈妈也总是夸赞她非常听话懂事。但是时间久了，罗欣依然可以在 7 点的时候按时起床。有一次，罗欣起床后妈妈还没有起来，于是就喊："妈妈，我已经起来了，你要给我做早餐吗？"妈妈不屑一顾地说："起来就起来了，你先刷牙吧，我马上就起了。"

妈妈的态度让罗欣很不舒服。第二天，她 8 点还没有起床，任凭妈妈怎么叫，她还是一直在房间磨蹭着不肯起来。

女孩天生就渴望别人的赞美，在鼓励女孩坚持执行学习计划的过程中，父母也应该抓住女孩的这一天性。例子中的罗欣妈妈，就是因为没有给孩子按时起床这一行为以恰当的鼓励，所以才导致罗欣第二天不愿意起床。因此，父母要明白，当女孩按计划完成某件事情的时候，父母要给予女孩一定的鼓励。当她们内心有一种满足感和成就感的时候，就会更加积极地去执行计划了。

★ 让女孩有足够的睡眠

有关专家曾经指出，女孩在小的时候，每天睡 8 个小时的觉是远远不够的，最起码要达到 10 ~ 12 个小时。如果女孩睡眠不足，第二天就可能精神萎靡，身心疲惫，做起事来磨磨蹭蹭，最终也就导致办事效率严重下降。时间久了，女孩自然就形成了拖沓的坏习惯。

所以，父母在培育女孩的过程中，要想女孩不成为"拖沓女"，就必须保证女孩每天有足够的睡眠。

★ 告诉女儿"时间是挤出来的"

人们常说"时间就像海绵里的水，只要愿挤，总还是有的"，要想让女孩学会珍惜时间、利用时间，父母就要教会女儿合理利用零星的时间，告诉她们时间是由分秒积累而成的，必须学会争分夺秒，才能不拖沓浪费时间。那么，作为父母，应该怎样教育女儿争分夺秒，利用零星的时间呢？

让女儿懂得珍惜时间的方法数不胜数，只要父母细心地观察女孩的举动。比如在女孩看报纸的时候，遇到精彩的内容，就随手在纸上记下；在女孩无所事事，坐着发呆的时候，父母可以让女儿拿起一本书来读；每次外出回来后，教会女儿回忆今天的所见所闻，有条件的话就写下自己的感触；当女孩不愿意去做今天必须完成的事情时，父母要引导女儿，告诉她明天还有很多的事情要做……久而久之，她们就会懂得时间的可贵，会自己主动地在空闲时间找事情做。

细节 6 | 理智：如何教出不骄不躁、
淡定从容的女孩

任何时候都不能纵容孩子的缺点，

放纵其任性只会害了她。

只有在和谐健康的环境中，

女孩才能更加健康地成长。

在教育女孩的过程中，父母要做到不溺爱、

不迁就、不娇惯、不纵容。

1.让女孩停止任性

女孩任性的坏脾气会影响她一生。

有一次，香香和妈妈在公交站等车。香香见马路对面有一个精品屋，便说："妈妈，我想去那家精品屋买一个发卡。"

"香香，妈妈昨天不是刚给你买了吗？而且今天姐姐又给了你一个，不能再买了。" 妈妈说。

香香却任性地说："我不管，我就要，不然我就不回家了。"

看着香香在那任性地撒娇，妈妈非但没有理会她，反而不断地四处张望。

香香很好奇："妈妈，你在看什么？那个精品屋在那里。"说着就指向了马路的对面。

"哦，妈妈在看汽车，怎么还不来啊?"妈妈很严肃地说。

"我要买发卡!"香香的声音更大了。但是妈妈依然没有理会她。

香香意识到妈妈是不会理会自己的，说不定车子一来就上车走了，她可不愿意被扔在这里。于是，香香很知趣地拉了拉妈妈的衣角："妈妈，香香不买发卡了，咱们快点回家吧。"

妈妈这才露出了笑容，摸了摸香香的头："这才是乖孩子嘛。"

现如今，"刁蛮任性"在越来越多的女孩身上出现了。而作为女孩的父母，却很少有人真正重视这一现象，甚至认为女孩的性格就应该是这样的。事实上，也就是因为这样的想法，让父母对女孩不断地"放纵"，导致当今的"刁蛮小公主"数不胜数。殊不知，任性这种在女孩身上经常出现的情况实际上是一种不正常的心理现象，如果父母不及时对此进行正确的引导和教育，就可能给女孩以后的人生带来很多不必要的麻烦。

一个任性的女孩在面对问题的时候，喜欢固执己见，喜欢唯我独尊；一个任性的女孩面对困难和挫折的时候，很难用理性、坦然的心态去面对；一个任性的女孩容不得别人对自己的指责，也容不得别人比自己好……作为女孩的父母，千万不要认为女孩的任性是理所当然的，而应该将女孩的任性扼杀在摇篮中，在她们小的时候给予女孩正确的引导。

很多父母在教育女孩的时候，不知该如何改变女孩的任性，也不知道造成女孩任性的原因究竟是什么。其实，造成女孩任性的原因并不复杂：

其一是父母对女孩过分的溺爱和妥协所致。当女孩想要什么东西的时候，父母总是倾其所有地满足女孩的欲望；当女孩哭闹的时候，父母习惯用给予女孩各种"好处"来制止她们无休止的哭闹。

其二是很多时候，父母喜欢"拖延"。很多父母总是告诉自己，"要想改变女孩的任性，不是一朝一夕的事情，等过段时间再说吧"。就这样，日复一日，年复一年，刁蛮任性在女孩的心里落地生根。等到引起了家长的足够重视之时，却为时已晚，女孩的性格已然定型，再难改变了。

所以，父母要想矫正女孩任性的习惯，就必须认清女孩任性的缘由，从女孩任性心理入手。有关医学研究指出，女孩第一次任性一般出现在3岁左右，这个时候的女孩对未知的世界充满着好奇，她们做事情的时候喜欢以"自我为中心"，凡事只要自己快乐就足够了。这个时候，如果父母不懂得引导女儿，放纵她们的任性，无条件地满足她们的愿望，那么，女孩的坏习惯以及任性的坏脾气就会由此诞生，并影响其一生。

由此可见，父母矫正女孩任性的习惯迫在眉睫。父母在教育女孩的时候，一定要明白任性并不是女孩与生俱来的，它是在不良的家庭教育环境中孕育而生的。所以，作为家长，如果你不希望自己的女儿成为刁蛮任性的"小公主"，就应该懂得克制自己的爱。在适当的时候要给女孩一定的"下马威"，帮助女孩改正缺点。只有这样，20 年后，才能够培育出一名优秀的知性女性。

★ 父母不要强化女孩的错误动机

女孩小的时候，总是喜欢用一些不合理的方式来吸引父母的注意，也经常用一些极端的方式，向父母寻求自己想要得到的东西。如果父母在这个时候妥协，放任女孩的任性，那么就会一发而不可收。

周末的早上，5 岁的寒鑫就闹着让妈妈带她去游乐园玩。但是妈妈今天没有时间，于是就说："寒鑫，妈妈今天还有事情要忙，等下周妈妈再带你去好不好？"寒鑫非常不高兴地说："我不，我就今天去，快点带我去。"寒鑫拉着妈妈的衣角不放。

妈妈看寒鑫哭闹的样子，无奈地收拾好东西进了自己的房间。开始，寒鑫还一直在哭闹，但没过几分钟，寒鑫见妈妈没有反应，客厅也就没有了声音。妈妈出来发现寒鑫已回自己房间看书去了。

在面对女孩不合理的要求时，父母要懂得撤离战场。或许有的人会说，父母这样的做法有点不负责任，父母应该及时纠正女孩的错误。我们不可否认，父母必须对女孩负起责任，也应该为女孩纠在正成长道路上犯下的错误行为。但我们不妨试想一下，如果父母真的与女孩产生正面冲突，女孩的心中就会有一种叛逆心理油然而生。这样不仅解决不了问题，达不到父母想要的结果，还会助长女孩的错误动机。

所以，父母一定要懂得如何消灭女孩的错误动机，而不是盲目地助长女孩更加任性。对待任性的女孩，父母要讲究适当的方法和应对技巧。

★ 父母要学会用不同的方法纠正女孩的任性

很多父母都喜欢用说教的方式来教育女孩，如果说教起不到应有的作用，那么就会自动转换为打骂的教育方式。这些父母这样做的理由是："孩子不听话，你说的她也不听，我们也只能采取打骂的方式，不然总不能任由女儿继续任性下去吧。"其实，打骂作为一种教育方式，其本身却是既不合理，又不明智的。要知道，教育女孩的方式其实很多，为人父母，最重要的就是要找到最为明智的教育孩子的方法。

面对女孩的任性，家长首先要沉得住气，要有足够的耐心去引导女儿。父母还可以采取转移注意力的教育方式，也就是说要想办法，将女孩的注意力转移到其他感兴趣的事情上。比如女孩坚持做某件事情绪失控时，可以让女孩去看自己喜欢的动画片，或者去看自己最爱的画册。当她们将注意力转移之后，情绪自然就消失了。父母还要切记，当女孩情绪稳定之后，父母要当作什么事情都没有发生一样，等到风波平息了，父母再找机会与女儿好好地聊聊，并指出女儿哪些方面做的不对，说出那样做的危害。久而久之，女孩就可以摆脱任性的纠缠，学会控制自己的情绪了。

2.虚荣心：女孩健康成长的"拦路虎"

父母要妥善应对女儿的虚荣心，以免不健康的心态阻碍女孩身心发展。

黄蕾是个独生女，自从上了中学以后，只要看见别人有新东西，她就会回家和妈妈软磨硬泡地要去买。妈妈知道这是她的虚荣心在作怪，每次都不想满足她的无理要求，但是又怕黄蕾在同学面前没有面子，所以最后，事情往往是以妈妈妥协而告终。

有一次，妈妈无意中听到黄蕾在和几个同学吹嘘，说自己家里很有钱，爸妈都是大款，用的东西都是名牌产品。妈妈一听就直打哆嗦，因为黄蕾在撒谎，自己倾尽所能想让女儿过上幸福而又舒适的生活，哪里是她口中所说的大款了？

女孩不可能一点虚荣心都没有，但是当虚荣心超出正常的限度，就有百害而无一利了。在女孩成长的过程中，总会不可避免地出现一些心理问题，虚荣就是其中的一种。有心理学家表示，女孩有虚荣心，是心理发育过程中的正常现象。引导好了，虚荣心可以转化为进取心，帮助女孩积极进取；如果不加重视，任其发展，虚荣心将成为女孩成长中的绊脚石，那她长大后很可能喜欢弄虚作假、沽名钓誉。

有相关报道指出，独生女的虚荣心都比较强。在被调查的独生女中，有

20%存在较强的虚荣心。虚荣心强的女孩在成长中经常会出现各种问题，比如，为了满足自己的虚荣心而经常说谎，情绪不稳定，不认真学习，缺乏意志力等。具体来说，虚荣心强对女孩的危害有以下几方面。

首先，过强的虚荣心会让女孩盲目自信，甚至自负，无视他人在自己成长中的作用。同时，也会让女孩产生优越感或以自我为中心的倾向，觉得即使不用费什么力气，也会高人一等，并且还会觉得取得成绩是由于自己聪明，看不到这中间有父母的抚育、老师的教导、伙伴的帮助、社会的影响等。在进入社会后，她也很容易目空一切，与他人较难相处。

其次，女孩容易形成歪曲的人生观和价值观。虚荣心过强的女孩喜欢穿名牌的衣服，吃美味的食物，玩精美的玩具，而且很容易生出"别人有的我也要，别人没有的我还要"的想法。长此以往，女孩的思想就会发生变化，形成歪曲的人生观和价值观。

另外，虚荣心强的女孩，在思想上会不自觉地渗入自私、虚伪、欺骗等因素，这与谦虚谨慎、光明磊落、不图虚名等美德是格格不入的。爱慕虚荣的女孩会为了表扬才去做好事，对表扬和成功沾沾自喜，甚至于不惜弄虚作假。对自己的不足她会想方设法进行遮掩，不喜欢也不善于取长补短。

总而言之，虚荣心是女孩健康成长的"拦路虎"，容易让女孩形成不良的性格和品质，从而对她的身心健康造成危害。

其实，女孩过强的虚荣心会在平时的生活中时时流露出来，如果父母能够及时捕捉到这方面的苗头，那么就可以立刻采取相应的对策对她进行教育和开导。具体来说，可以从以下几方面去做。

★ 多注意女孩的心态变化

在平时的生活中，父母要多注意女孩的心态变化，以便及时发现女儿爱慕虚荣的苗头。女孩由正常的虚荣心到过分地爱慕虚荣是一个逐渐发展的过程，其间会有很多明显的信号。例如：女孩对衣着、文具、玩具等特别挑剔，抱怨父母不能给自己提供优越的物质条件等。只要家长能够及时发现，就可以随时着手进行纠正。

★ 学会用"迂回"的方式教育女儿

当父母发现女孩有过强的虚荣心时，要"随风潜入夜，润物细无声"地引导才是良策。所以，不妨试试"迂回教育"。

期末时，班主任请家长参加期末联欢会。林洋却没有让妈妈去，她觉得妈妈是在商场里摆摊卖鞋的，太给自己丢人了，非让当医生的姑姑去参加不可，还叮嘱姑姑一定要开车去学校，那样自己才会有面子。

妈妈知道后，非常伤心，就请教了心理医生，医生告诉她，可以"迂回"地教育林洋。因为如果苦口婆心地与林洋正面交谈，对她说："职业没有高低贵贱之分，妈妈给你丢人了吗？"孩子恐怕很难听得进去，而如果恶狠狠地训斥她一顿，则有可能激发孩子的逆反心理，结果更加糟糕。

听了医生的分析之后，妈妈决心采用这种"迂回教育法"。回到家之后，她主动找到林洋，心平气和地问："你们班学习最好的同学父母是什么职业？"

"咱们家有哪些让你喜欢的地方？"

"妈妈有哪些优点？"

妈妈提出的这些问题让林洋认识到：同学不会因为妈妈是做小本生意的就不喜欢我，大家最看重的还是我的表现；虽然妈妈不像医生那样神气，但是她很爱我，和妈妈在一起很开心。妈妈的"迂回教育"让林洋接受了妈妈的引导，从那以后，她再也没有那么强烈的虚荣心了。

★ 满足女孩想要获得尊重的心理需求

女孩的虚荣心与自尊心其实有密切的联系。虚荣心是为了能够满足自己的自尊心，而采用的一种虚假方式，去获得荣誉和普遍关注，这是一种不健康的情绪。父母要想让女孩远离虚荣心，可以帮她找到一些用来满足自己自尊的方式。比如，发掘女孩的特长，让女孩提高学习成绩，让女孩参加公益慈善活动，让女孩乐于助人等。这些活动都能给女孩带来荣誉感和关注度，从而满足她的自尊心。

★ 不要支持女孩的攀比性消费

在攀比的过程中，女孩的虚荣心是最容易滋长的。父母出于对女孩的宠爱，让她的物质要求得到了满足。而女孩则通过炫耀自己在物质上的拥有，和别人在物质上攀比，以此来满足自己的虚荣心。这不仅扭曲了女孩的价值观，也让父母背上了沉重的经济负担。因此，父母若发现女孩是出于攀比而提出消费要求时，千万不要持鼓励和支持的态度，以免助长女儿的虚荣心。

3. 让女孩告别骄傲的"小公主"

骄傲自满的女孩儿让人敬而远之。

小乐是个聪明的女孩，她长得漂亮，学习成绩也好，再加上她擅长画画，所以很受老师和父母的喜欢。很多大人都夸小乐是个多才多艺的好孩子，将来一定有前途。在这些赞扬声中，小乐也沾沾自喜起来，她总是瞧不起周围的朋友，还经常对身边的同学冷嘲热讽。渐渐地，同学们都不喜欢她了。

不久之前，小乐所在的班级进行班长选举，小乐以为自己当选班长是板上钉钉的事。可没想到，她落选了。小乐很伤心。爸爸知道了这件事情之后，觉得有必要教育一下女儿，让她改掉骄傲的坏毛病。晚饭之后，爸爸就去找小乐谈心。

"你知道你为什么会落选吗？"爸爸问。

"同学都不喜欢我。"小乐很不高兴地说。

"为什么同学都不喜欢你呢？小乐，你想过这个问题吗？"

"不知道！"

"因为你总是瞧不起同学，觉得别人总是比你差。其实，每个同学都有自己的优点，只是你太骄傲了，看不到他们的长处。女儿，你现在是正在学习知识的重要阶段，如果让骄傲蒙蔽了你的双眼，你很难再进步了！爸爸希望你能做个谦虚的女孩，好吗？"

骄傲自满的女孩大多以为自己聪明过人，喜欢高估自己的能力，拿自己的长处去和别人的短处比。哪怕是在比自己优秀的人面前，她们也喜欢孤芳自赏，认为自己更胜一筹。骄傲的女孩很难客观地认识自己和别人，她们被虚伪的表面蒙蔽了双眼，从而对人冷漠，最后无法交到知心的朋友。然而，也就是这样骄傲的女孩，她们的内心却是非常脆弱的，当别人因为一些错误而批评她们的时候，她们就会非常不开心；当别人反驳她们的观点时，她们会竭尽全力证明自己的观点，如果最后适得其反，她们就会垂头丧气；当别人抱着友好的态度想和她们交往时，她们总是一副高高在上的样子，让别人敬而远之、望而生畏……

总而言之，对于女孩来讲，心存骄傲的情绪不利于身心的成长。女孩那些自负的行为犹如一颗毒瘤，埋藏在女孩的心灵深处，如果不及时剔除，就会越长越大，最后造成难以弥补的损失。作为女孩的父母，一定要及时地让女儿走出自负的泥潭，摆脱毒瘤的危害。

或许很多父母会说："虽然我们家女儿有点骄傲，但是她的学习成绩非常优秀，这样也不错啊。""我认为女孩的骄傲，其实是一种自信的表现，我不会压制女儿的。"……不可否认，一个骄傲的女孩，由于自己喜欢荣誉和成就感，所以学习成绩相对来说不错。但也正是由于自身的骄傲，她们总是沉湎于眼前的成绩，看不到别人的成绩，更看不到其他人"默默争上游"的决心。当别人超越她们的时候，她们就会感到无比的沮丧，起初的骄傲心理就会烟消云散，取而代之的是悲观、自暴自弃。接着会完全否定自己的能力，一蹶不振，认为自己什么都不如别人。

由此可见，骄傲自大的女孩要不得，骄傲自大在很大程度上影响着女孩未来的生活以及事业。作为女孩的父母，要想女孩在将来拥有幸福和成功，就要及时剔除女孩心中的"毒瘤"，让女孩告别"骄傲的小公主"。只有这样，女孩在不久的将来才能够广结人缘，在事业上平步青云。那么，面对女孩的骄傲自大，父母应该怎样做才能够熄灭女孩心中的"骄傲"之火呢？

★ 把握好表扬的"温度"

在很多家长看来，表扬可以给予女孩很大的信心，让她在学习以及生活中积极向上。然而，很多时候，父母却忘记了，过分的表扬会使女孩形成骄傲自满的性格。因此，父母在教育女孩的时候，在对女孩的成绩进行表扬时，一定要把握好表扬的"温度"，只有适宜的"温水"才能够让女孩尽快解渴。

如果你的女儿性格不是特别的外向，父母就应该不断地为自己的表扬加温，让她们感到家长对自己的重视，从而获取更多的自信；家长不要经常在外人的面前表扬女孩，就算表扬也不要当着女孩的面……因为女孩在小的时候，自我评价能力以及自我认识能力非常低，看到别人夸赞自己、认同自己，就会信以为真地以为自己非常完美，骄傲情绪自此产生。生活中，只要父母在培育女孩的过程中，把握好表扬的"温度"，就可以引导女孩远离骄傲的心理。

★ 表扬女孩要分"青红皂白"

在女孩小的时候，为了让女孩更开心，也为了让女孩变得更善言谈和外向，很多父母喜欢不断地夸赞女孩。也就是在这些无休止的夸赞中，掺杂了一些危害女孩的"元素"，使女孩迷失了自己，找不到自己的方向。

楠楠的姑姑送给她一个非常漂亮的洋娃娃，她经常抱着洋娃娃找小伙伴玩。有一次，楠楠居然因为争执谁的洋娃娃好看和小伙伴大动干戈，后来楠楠哭着跑回家问："妈妈，你说谁的娃娃最好看？是我的还是她们的？"看着楠楠满脸的泪水，妈妈心疼地说："当然是我们楠楠的好，楠楠的什么东西都是最好看的。"

就是因为妈妈这样一句话，楠楠就始终认为："我的东西是最好的。"

在生活中，如果父母不分青红皂白地表扬女孩，就可能让女孩像故事中的楠楠一样，过分地骄傲，看不起别人。像这样的女孩是很难在社会上立足的。

★ 对待女孩，精神奖励重于物质奖励

当女孩取得一定成就的时候，她们渴望别人的肯定。很多父母也知道给予女孩肯定，只是在鼓励的过程中，父母需要特别注意，精神上的鼓励远远比物质上的鼓励要更胜一筹。过多的物质奖励会让女孩高傲自大，失去了进步的动力；而精神上的鼓励则可以让女孩心理上得到满足，产生一种更加强烈的动力，让她们不断地前进，从而获得更佳的成绩。

当女儿因取得优异的成绩，而站在领奖台上的时候，父母一个鼓励的眼神，就足以给她们足够的力量和信心；当女儿帮助了别人，父母一句夸赞的语言，就足以让其将自己的善举继续做下去……

骄傲的女孩没有人会喜欢，只要父母用心去体会女孩的心理，用心去观察女孩的"动机"，陪女儿一同成长，就可以剔除女孩心中的"毒瘤"，培育出 20 年后一个谦虚友善的优秀女性。

4.让嫉妒远离女孩的心灵

嫉妒对女孩有百害而无一利。

培英从小聪明可爱，学习成绩总是名列前茅。培英是在父母和老师的赞美声中渐渐长大的，也就是因为这样，她的争强好胜之心日益增长。

有一次，妈妈给她买了一件非常漂亮的连衣裙，这使培英更加光彩照人。当邻居阿姨看到培英的连衣裙后，就给自己的女儿真真也买了一条。皮肤白皙的真真穿上了这件裙子，显得更加清纯可爱，但是培英心里却不舒服了。

思前想后，培英做了一个惊人的举动，在课间的时候，她故意找到了真真，将一瓶墨水直接泼在了真真身上。真真生气地说："你干什么啊？这是我妈妈刚给我买的裙子，你赔我。"看着真真的眼泪夺眶而出，培英得意地笑了笑："谁叫你妈妈给你买和我一样的裙子了，以后最好别再穿。"

提到嫉妒，很多人情不自禁地就会想到女人。没错，女人的嫉妒心相对来说比较强，这或许就是为什么"嫉妒"两字都带着"女"字旁的缘故吧。嫉妒是一种不健康的心理，有嫉妒心理的女孩容不得别人比自己强，也无法容忍别人拥有的东西比自己多。作为父母，如果自身都具有这样的心理，就会潜移默化地影响到自己的孩子，使她们幼小的心灵也产生嫉妒的心理。

细心观察我们周围的生活，不难发现，女孩在看到其他的小朋友有新玩具的时候，自己也会吵闹着让父母去买；当那些在学校表现好，深受老师喜爱的学生再次取得优异成绩的时候，很多调皮的女孩就会不断地搞恶作剧。其实，作为女孩，之所以会索要别人拥有的玩具，之所以会搞恶作剧，就是因为她们的心中存在嫉妒。

心存嫉妒的女孩情绪变化非常快，这一秒还是艳阳高照，下一秒就可能电闪雷鸣；这一刻还是沉着稳重的小淑女，而下一刻就可能成为骂人成习的"泼妇"。这些都是嫉妒心在作怪，当嫉妒心理泛滥的时候，就会成为一种病态，女孩的人格就可能会因此向坏的方向发展。这样不仅不利于女孩的身心健康，还会剥夺女孩很多的时间，降低了女孩学习和生活的积极性。

作为女孩的父母，一定要时刻观察女孩的言行，将其嫉妒心扼杀在摇篮中。同时，父母还要懂得，嫉妒心会对女孩造成何种危害。只有这样，才可能更有效地杜绝女孩的嫉妒心理。

嫉妒心强的女孩由于长期处于一种不健康的心理状态中，无法表达内心真实的感受，长期压制自己的情绪。久而久之，女孩的器官功能就会随之下降，进而产生郁闷、心烦、自卑、自傲等消极的情绪。另外，一个嫉妒心强的女孩，往往是争强好胜的，她在面对事情的时候，总是显得非常自信。然而正是"希望越大，失望越大"，当她没有成功地完成任务时，或者别人超越自己的时候，她就会显得心神不定，甚至产生自卑的心理。要知道嫉妒心强的女孩，在集体中很难立足，因为她心存嫉妒，很难和别人友好相处，自然也就不可能有更多的朋友。

明白了嫉妒心对女孩的危害，作为女孩的父母，就应该及时地消除女孩的嫉妒心理。在女孩的生活和学习中，引导她们不断地充实自己，寻找到真正的自我，要女孩明白"人无完人"、"山外有山"，不断寻找自己与他人之间的差距。只有这样，女孩才能够客观地认识自己，不至于将自己放得太高，也不至于最后摔得太惨。

那么，作为父母，应该怎样消除女孩的嫉妒心理呢？

★ 教会女孩客观地认识自己，正确地评价别人

要想更好地消除女孩的嫉妒心理，父母就要提高女孩的自我意识能力，也就是客观准确地认识自己。这样的能力是需要从小就锻炼的，在女孩小的时候，父母就要引导女儿去想一些这样的问题：我哪里比较优秀？我应该改掉什么样的坏习惯？爸爸妈妈希望我是个什么样的女孩？我是小淑女吗？我可以成为人见人爱的女孩吗？……当女孩真正明白了这些问题的答案后，她们在面对别人的好运气或者优秀的成绩时，才不会一味地妒忌，而是"取人之长，补己之短"。长大后的她们才能够更好地认清自己，打造属于自己的天地。

★ 给予女孩更多的爱和鼓励

女孩产生嫉妒心理的原因之一，就是因为她们长期沉浸在别人的艳羡之中，对别人的好运和优秀感到不服气，而自己又难以达到，所以才导致女孩的心中妒忌不断。作为父母，要想女孩尽快摆脱嫉妒心理，就应该懂得给予女孩一定的爱和鼓励，让她拥有安全感和幸福感。

俊俊在第一次洗衣服的时候，妈妈就说："俊俊真棒，自己都学会洗衣服了，以后会是一个乖巧的孩子。"当她第一次自己去上学的时候，妈妈又说："俊俊很棒，终于学会了独立，爸爸妈妈以后也就不用担心了。"当她第一次拿奖状的时候，妈妈又说："俊俊很棒，但取得成绩也要感谢老师的教诲和辛勤的付出哦！"

在学校，老师和同学经常夸赞她，但她总是说："也没有什么，是老师的教导，还有同学们不断的帮助，才使我进步的。"

俊俊是在妈妈正确的鼓励下成长起来的，所以面对别人的夸赞时不会自大，而是不断地向别人学习更多的东西，所以说，鼓励和爱是化解嫉妒的良药。

★ 为女孩树立良好的榜样

为了给予女孩一个好的生活环境，父母要时刻为女孩树立榜样，也就是说，父母在生活中不要表现出自己的妒忌之心。比如在邻居家买了新房、同事成功晋升、邻居的女儿获得优异成绩的时候，每个人心中难免都会产生嫉妒的心理，但是，在女孩的面前，不可流露出自己的妒忌和自卑。否则，女孩就会耳濡目染，嫉妒之心也会油然而生。

5.帮助女孩战胜怯懦的心理

如果女孩的性格胆怯而内向，就会缺少朋友，父母要帮她解决这个问题。

李涵是个害羞的女孩。从小李涵身体就不好，爸爸妈妈就没让她去幼儿园，而是一直待在家里，由李涵的爷爷来照顾她。后来，李涵上了小学，整整 6 年，李涵的爸爸每天早中晚接送她上下学，再加上李涵性格内向，怕见生人，所以也没什么朋友。每天晚上放学的时候，她坐在爸爸的摩托车后座上，看着同学们成群结队有说有笑地一起回家，心里别提多羡慕了。

现在，李涵已经十几岁了，她上了初中，李涵的爸爸终于不再执意接送女儿上下学了，李涵觉得心里松了一口气，心想："我终于也能跟同学们一样了。"可是，看着刚刚入学的同学们很快相互熟悉起来，组成了一个个的小圈子，李涵感到有些迷茫，她也很想跟同学们在一起，但她就是不敢接近他们，也不知道如何与同学们交流。晚上回到家，李涵郁闷地跟妈妈说："妈，我也想跟朋友们在一起，可是他们都不来跟我说话，看着他们在一起玩，我好羡慕啊！我也想加入进去，可是我就是不敢！"

相对于男孩，羞怯内向是女孩的特点，很多女孩都不懂得如何与身边的同龄人交往。她们总是沉默寡言，融入不到同学中去，甚至没有同龄孩子那种爱动、贪玩、好奇的特点。其实，在孩子们之间，永远都不缺乏谈资，那些内向的女孩之所以没有朋友，归根结底是因为她们的胆怯心理，说白了，也就是她们害怕与同龄人交往。

胆怯，是许多女孩都曾有过的一种在人际交往过程中产生的情绪状态，只是程度不同而已。造成女孩胆小怯懦的原因是多方面的，但最主要的原因就是家庭环境与教育对孩子的影响。比如，有些家长对孩子的保护过多过细，就像李涵的爸爸那样，因为女儿身体不好就不让女儿去幼儿园，为了保护女儿就每天不辞辛劳地接送女儿上下学。这样的做法虽然是出于家长对孩子的关爱之心，但却很容易使孩子形成一种强烈的依赖心理和被保护意识。这种意识在孩子小时候不会造成很大的影响，但父母不可能总是将孩子置于自己的羽翼之下，当孩子逐渐长大之后，问题的严重性就慢慢凸显出来了，结果孩子就会像李涵一样，明明心里非常想跟同学们在一起，但却被无可救药的恐惧心理所控制，不知该如何是好。

如果问题到了这个阶段，家长还没有重视起来，仍然任由问题发展下去的话，女孩在人际交往当中的胆怯情绪就会越来越严重，并最终发展成社交恐惧症。社交恐惧症是一种心理疾病，患者总是处于一种焦虑状态，他们害怕自己在别人面前出洋相，害怕被别人观察，害怕与人交往，甚至在公共场所出现对他们来说都是一件极其恐怖的事情。如果女孩的人际交往问题已经严重到了这个地步，那就只能带女孩去心理诊所进行治疗了。

因此，如果家长发现自己的女儿有胆小怯懦的缺点，就应该及早着手解决这一问题，以免女孩因胆怯而自卑，并且自我封闭，影响女孩的正常学习与生活。

★帮女孩树立与人交往的信心

自信永远是驱除恐惧心理的一剂良药。因此，面对女孩害怕与人交往的问题，家长绝不能只是简单地说教，更不能对问题视而不见，任由其发展，而是应该从转变自己的教育行为开始，尽己所能，帮助女孩树立与人交往的信心。在日常学习和生活中，家长可以让女孩尝试着独立解决一些问题，让女孩多考虑"我要怎么办？"如果女孩靠着自己的思考和努力解决了问题，就要有针对性地对女孩予以嘉奖，以增强女孩的自信心。

★ 让女孩体验社交的氛围

家长还可以多带女孩出席一些社交场合，让女孩体验其中的氛围，并且鼓励女孩顺其自然地表现自己，不要过分担忧自己会给别人留下不好的印象。家长还要告诉女孩，当她与对方交谈时，眼睛要看着对方，并将注意力集中在对方的眼睛上。这样可以增加女孩对对方的注意，减少对方对女孩的注意，并且可以让女孩学会用心灵去沟通。

★ 培养女孩独立自主的能力

在日常生活中，家长应当注意培养女孩独立自主的能力、坚强的毅力和良好的生活习惯，鼓励女孩去做力所能及的事情，让女孩学会自己照顾自己。当女孩遇到困难时，父母不要一味包办，要让女孩自己想办法解决。当然，开始时父母要予以必要的指导，使女孩慢慢学会自己处理各种事情，而不能一味地不问不管，使女孩手足无措，更加胆小。独立自主能力的提升同样有助于增进女孩的人际交往能力，当女孩不知道该如何与对方交往时，性格独立的女孩就会主动想办法让对方了解自己、喜欢自己，而那些自主性不强的孩子则只会瞻前顾后，怕这怕那，最终形成社交恐惧心理。

★ 别让女孩的内心过于敏感

家长可以引导女孩凡事尽可能往好的方面想，看事情要看积极的一面。并且在平时注意培养女孩的良好情绪和心境，让女孩相信多数人是以信任和诚恳的态度来对待自己的，并且只要自己能够真诚地与对方交往，自己就会给对方留下好印象。

★ 鼓励女孩多接触同龄人

实践性的人际交往可以极大地减弱女孩的社交恐惧心理。因此，家长可以鼓励女孩主动去与同龄人交往，因为同龄人之间，毕竟很容易就能够找到兴趣上的交叉点，找到共同的话题。女孩一旦得到了同龄人的友好和尊重，社交恐惧心理也就越来越淡了。与此同时，家长还可以有意识地邀请一些孩子的同学到家中来做客，让她做小主人，帮助女孩结交新朋友。

6.避免女孩被谎言的恶魔俘获

傍晚，妈妈到幼儿园去接嘟嘟回家。嘟嘟班里的小朋友告诉嘟嘟妈：嘟嘟说她家里有好多小乌龟，下了很多蛋；还说她家里有一个和小朋友一样大的机器人。嘟嘟妈觉得很不解，嘟嘟为什么会跟小朋友说这些根本不存在的事情呢？

几天后的一个下午，嘟嘟从幼儿园里回来说嗓子难受，妈妈问她："是不是又吃了很多巧克力？"嘟嘟看着妈妈大声地说："我没有，我没有！"可是，第二天幼儿园的老师却告诉嘟嘟妈，班里的一个小朋友前一天从家里带了很多巧克力，等她发现的时候嘟嘟和那个孩子都已经各自吃了十几块了。嘟嘟妈听了老师的话很生气，她当着老师的面质问嘟嘟："你昨天为什么说谎？"嘟嘟咧着嘴看着妈妈说："我怕你说我……"

谎言就像恶魔，每个孩子都可以从中尝到甜头，但代价却是要付出自己原本纯洁的灵魂。诚然，说谎也许是女孩容易犯的错误当中最让家长不能容忍的一种，然而，无论是男孩还是女孩，又有几个孩子没有撒过谎？这个可怕的缺点着实让人头疼。

某心理研究所用 3 年时间，调查了我国 7 个省 13 个城市的 430 个家庭，发现有 50% 的孩子从 3 岁就开始撒谎了。随着年龄的增长，比例越来越高，到 9 岁时，说过谎的孩子上升到 70%。来自美国心理学家的调查统计数据更为惊人：全美国有 2/3 的孩子在 3 岁就学会不说实话，而到了 7 岁，98% 的孩子都已说过谎。

孩子撒谎是几乎每位父母都会遇到的问题。大部分父母都会把它当作一件比较严重的事情，并对孩子施以严厉的惩罚。但惩罚的后果只会让孩子认为，被惩罚的原因是谎言被父母戳穿了，而不是撒谎本身。结果，孩子说谎就会变得更频繁、更老练，也更加难以纠正。

那么，家长应该进行怎样的教育，才能避免自己的女儿被谎言的恶魔所俘获呢？

★ 给女儿正面的心理暗示

心理暗示分为两种，一种是正面的心理暗示，比如有两个女孩在一起，一个是诚实的，另一个是喜欢说谎的。父母要对那个诚实的女孩予以嘉许和奖励，让那个说谎的女孩知道，什么样的行为是大人提倡的，什么样的行为是大人反对的。所有的孩子都渴望得到大人的肯定，因此，这种正面的心理暗示，就可以起到纠正女孩说谎的作用。

还有一种反面的心理暗示。比如，女孩跑来报告父母一件事时，父母一定要相信她的话，千万不能说"真的吗，你不要骗我呀"这样的话。如果父母这样说，就等于是在孩子的心灵上种下了一个说谎的种子，让她认为说谎是可以骗过自己的父母的。

因此，父母必须用正面的心理暗示去感动女孩，而不要用反面的心理暗示去刺激女孩说谎的动机。

★ 帮助女儿认识说谎的危害

父母发现女儿说谎后，一定要在第一时间教育她，帮助她认识说谎的危害性。父母要让女儿知道说谎得到的只是自欺欺人的短暂快乐，而失去的却是别人对她的信任。说谎或许一时能蒙骗过去，但迟早会被别人发现，从而遭到人们的斥责。

父母在女儿还是幼儿时期时，就要经常给女儿讲一些有关说谎骗人害己的寓言故事，教育她们做诚实的孩子。当女儿承认说谎不对并表示今后会改正时，父母应当表示宽容，并深信她们会改正，成为受大家欢迎的诚实孩子。有的父母在孩子承认错误后，还采取打骂等方式加以惩罚，这样不但不利于孩子改正错误，往往还会适得其反，导致孩子今后将谎话越编越圆，或者死不认账。所以，面对孩子说谎，父母既要批评又要以宽容的方式鼓励孩子，让她们彻底改掉说谎的毛病，逐步养成诚实的好习惯。

★ 父母要以身作则

模仿是孩子的天性，父母诚实守信，女儿就会从父母身上学到诚实守信的好品质；父母满口谎言，女儿也会学着父母的样子，说话不尽不实。因此，要想杜绝女孩说谎，父母就必须以身作则，用榜样的力量来影响女孩，帮助女孩成为一个诚实守信的人。

与此同时，父母还可以讲一些诚实守信的孩子的故事给她听，比如华盛顿小时候砍樱桃树的故事：

有一天，华盛顿在园里砍了一株樱桃树，他的父亲知道了，非常气愤，华盛顿急忙跑去承认，说是他砍的。这时他的父亲不但未责备他，反而嘉许他，鼓励他处处要像这样诚实。以后华盛顿事事做得诚实，绝不说谎，终于成就了伟大的事业。

这样的故事，父母可讲给女儿听，拿故事中的人物去做她的榜样。有了好的榜样，女儿自然会在父母的言传身教之下，克服说谎的坏毛病，养成诚实的好习惯。

7.教女孩学会"等"

要让女孩知道，好的东西要经过耐心的等待才能得来。

淑芳看见妈妈买了很多水果，于是就问："妈妈，是要做水果沙拉吗？我最喜欢吃了。"妈妈笑着说："是呀，我就知道你爱吃，你这个小馋猫！"说完，妈妈就进入厨房忙碌了起来。

没多久，淑芳就开始叫了："妈妈，水果沙拉什么时候好啊？"妈妈回答道："你先等会儿，我还在切水果呢。"

淑芳等不及了："我不，我就要现在吃，就现在。"妈妈安慰她说："你先去看电视，一会儿就做好了。好东西是需要耐心等待才能得来的哦！"于是淑芳回到了客厅，再也没有催促妈妈。

一个懂得控制自己情绪的女孩，一个具有耐性的女孩，才可能在遇到困难和挫折的时候，拥有从容和淡定，遇事不惊，以稳健的步伐漫步在人生大道上。而一个自控能力差的女孩，在遇到困难的时候，往往表现得非常任性、冲动、感性，而最终就可能被困难所压倒，形成性格的偏激。所以，父母在培育女孩的过程中，不要过分地溺爱她、迁就她，否则女孩就会失去耐性，没有自控力，为所欲为。

在中国的传统文化中，人们经常提到修身养性，其实在修身养性中，就包含了自我控制能力。也就是说，一个懂得自我控制的女孩，才能够拥有更大的耐性，在自己的人生中，做自己的主人，才能够在困难面前展现自身的强势。

女孩小的时候，自控能力是非常差的，她们不具备足够强的耐性。当她们看到自己想要的东西时，会不顾一切地去讨要。当父母不能满足她们的要求时，她们会选择不停地哭闹。面对这样的情况，父母一定要先沉得住气，理性地面对女孩的"无理取闹"。只有父母做到了有耐心和控制住情绪，才可教育好自己的女儿。

现实生活中，有一些父母反映：我的女儿并不笨，但就是缺少耐性，做事总是半途而废，只要遇到一点小困难她就会退缩。这个时候，家长朋友不要着急，首先你要明白女孩毕竟是女孩，她们有自身的弱点。同时，家长还要知道，女孩做事有头无尾、半途而废，都关系到女孩一些心理活动，如果父母不能作出正确的引导，就会导致女孩做事的失败。

作为女孩的父母，这一点不容忽视，在培育女孩的过程中，不可以让她成为"不耐烦的小公主"，而要让她成为意志坚强，具有耐性的新时代女性。当然，女孩的耐性不是与生俱来的，需要父母精心地培养，付出自己的耐心，才可能培养出富有耐心的女孩。父母在培养女孩的耐心时要注意以下几点。

★ 在生活中时刻训练女孩的自控能力

无论是在女孩的学习还是生活上，父母可以为其设定一定的计划，并时刻督促女孩按计划行事。比如每天早上几点起床，起床后必须做哪些事情，每天晚上几点睡觉。总之要让女孩有规可循，让女孩在这种灵活性的约束下不断克服自己的急躁情绪，摒弃自己的懒惰习惯。

长此以往，女孩就会自觉地按照计划行事，慢慢地养成一种习惯：做事有条不紊，遇事坦然自若。当她们长大后自然就会拥有社会公德心和责任感，她们的自控能力也就可以突显。

★ 让女孩学会等待

学会了静心等待，女孩的耐性自然就慢慢加强了。当女孩要求得到某件东西或者想要去做某件事情的时候，父母不要过于爽快地答应她，而应该学会吊胃口，让她学会等待，在等待中提升耐性。

面对女孩的要求，父母要学会让女孩学会等待，如果她们真的没有耐心，父母也绝对不能够妥协。如果父母作出让步的话，就会让女孩认为"父母什么都听我的"，她们就会越来越不懂得控制自己了。同时，父母也不可以采取冷酷拒绝的方式，直截了当地告诉女孩："不行，绝对不行，别再妄想了。"这样的方式，很容易让女孩产生逆反心理，导致她们再也不听父母的话了。聪明的父母会"等"，同样也会教女孩"等"。

★ 障碍让女孩的意志更坚定

困难和障碍是增强女孩意志的催化剂，父母在培养女孩的时候，要有意识地为她们设置一定的障碍。因为耐心是在解决一个个困难的过程中培养起来的，父母设置障碍的做法能够为女儿提供解决困难的机会，从而也可以增强她们的意志，提高她们的自控能力。

作为父母，不要怕女孩遇到困难，因为困难能够磨练人的意志。当女儿遇到困难时，父母不要受不了女儿苦恼的表情，也不要心疼孩子"脑细胞的牺牲"，你需要做的就是，给女孩更多的信心，告诉她不可以半途而废。并且在女孩经过努力完成一件事后，父母要慷慨地送上自己的表扬，让女孩明白做事要有始有终。

细节 7 | 潜力：如何教出心灵手巧、
聪明睿智的女孩

任何人都有无限的潜力和能量，
当然，潜力也需要后天不断地开发和培养。
帮助女孩开发潜在的能力，
加强对其口才、行动、思维等方面的训练，
你的女儿也会天资卓越、才华超群，
拥有立足社会的资本。

1.让女孩从小学会说话

语言表达能力强的人总能吸引众人的眼球。

欣言从小跟着爷爷、奶奶在山村长大，今年已经3岁了，但是连很多基本的语句都说不准。

欣言到了上幼儿园的年龄，爸爸、妈妈就去把欣言接回城里上幼儿园。可是，当老师问欣言一些很基本的问题时，比如"你叫什么名字"、"今年几岁了"，欣言却支支吾吾说不清楚，最后竟急得流出了眼泪。

幼儿园老师见状，就告诉欣言的妈妈："我看这孩子你还是先带回去吧，过一段时间再送来吧。这段时间父母要多陪孩子聊聊天，别冷落了孩子。"这时候，欣言的妈妈才真正意识到自己的失职，她决心多陪陪女儿。

语言是一个女孩智力发展的标志，当女孩拥有了良好的语言能力时，她的理解能力也会加强，自己的悟性以及知识面也会随着增强。因此，父母要懂得培养女孩的语言表达能力，而不能让年幼的女孩输在起跑线上。

语言表达能力强的女孩总能够吸引众人的眼球，在她们的身上透着一种独特的自信，这样的女孩长大后一定也是一个极具内涵，深受人们欢迎的人。相信很多父母也见过一些语言表达能力欠缺的女孩，她们展现给众人的似乎就是懦弱、自卑和愚钝，这样的女孩是很难在未来的社会中站稳脚跟的。只有一个语言表达流畅、思维敏捷的女孩，才能够准确表达自己的意思，巧妙地运用自身具备的语言知识，达到自己想要的目的。

语言的表达能力关系着女孩智力的开发，关系着女孩的思维敏捷度，所以，父母在培育女孩的时候，不能忽视对其语言表达能力的培养。父母应该抓住女孩学习语言的最佳时期，然后尽其所能地培养女孩的表达能力。

★ 女孩说话有"黄金时期"

任何一个孩子都有学说话的最佳时期，父母在这个时候，如果注重去培养女孩的表达能力，让其对语音和语法有个大概的了解，那么，女孩在不久的将来，语言表达能力必然能胜人一筹。

据有关医学研究证明，女孩在 4 岁之前，对语言求知的欲望是很强的，也就是说，女孩在 4 岁之前，是语言发展的"最佳时期"。

在这个时期，父母应该借助女孩的好奇心和求知欲，充分利用周围的一切事物来培养女孩的表达能力。比如父母可以带着女孩去郊游，或者去家附近的公园玩，在玩的过程中父母可以说一些话，然后让女儿去模仿；或者是让女儿自己去陈述自己郊游或者在公园中看到的事物。在女儿没事做的时候，父母要多和她们聊天，鼓励她们走出自己的"小城堡"，多和邻居家的孩子玩。

与此同时，父母还可以通过一些游戏，让女孩在快乐中增强自己的表达能力，因为当女孩最兴奋的时候，是创造奇迹的最佳时期。

★ 让女孩把话说完整

雅迪今年 3 岁了，有一次妈妈带着她去超市买东西，她看到了货架上的巧克力糖，于是就伸着小手，试图去抓住，并在口中不断地说："妈妈，吃糖糖。"妈妈知道女儿想吃那个糖，但她却说："雅迪要说，'我要吃糖'。"听着妈妈说的，雅迪也张着小嘴说："妈妈……我要吃糖。"

雅迪的妈妈很高兴，在女儿脸上亲了两下，拿下了货架上的巧克力糖，又对女儿说："我要吃巧克力糖。"雅迪就跟着妈妈说："我要吃巧克力糖。"

女孩在小的时候，语言组织能力比较差，以至于表达能力也会受到很大的影响。所以，在这个时期，父母要引导女儿将要说的话说完整。就像雅迪的妈妈一样，不断地引导女儿去说更长、更完整的话，或许，起初的时候她们很吃力，也很难说清楚，但时间久了，她们就可以流利地讲话了。

同时，在教会女孩说话，引导女孩说话的时候，父母一定要遵循由简到繁的规律。如果你一开始就教她说一句很长的话，不仅她学不会，还会严重地打击女孩说话的自信心，她们在下次说话的时候，就没有了积极性，总会担心自己说不出来。如果父母遵循了由简到繁的规律，女孩就很容易学会，如果再加上适当的鼓励，女孩会更具信心，对说话也会产生一种兴趣。

★ 采取不同的方式培养女孩的语言能力

模仿是女孩学习语言的一种最见效的方式，但是，当今社会的很多父母由于自己工作忙，没有过多的时间来陪女孩，教她更多的语言。其实，父母不必为此担心，在信息化的时代里，只要父母用心，就会找到很多的方式和方法来让女孩提高自身的表达能力。

凤岭从小就爱听故事，每天晚上妈妈都要给她讲故事，当她慢慢开始说话的时候，凤岭的妈妈是这样做的。妈妈每天就抽出一点时间，讲几个简短的故事用录音机将其录制下来，当凤岭晚上睡觉的时候，她就不用亲自去给女儿讲故事了，而且她告诉女儿："你拿着这个，妈妈在里面给你讲故事，但是妈妈好希望你也能够讲出这里面的故事。"

果然，凤岭对录音机感到很好奇，她经常反复地听录音机里面的故事。几天后，她居然真的将里面一个简短的故事讲出来了。

凤岭妈妈的做法不仅节省了自己的时间，另一方面还巧妙地运用女儿的好奇心，让她对录音机里面的声音产生好奇，由此使凤岭学会了讲故事。

所以说，只要父母不断地去发现，就可以找到很多锻炼女孩说话的机会，比如在每次游玩回来后，让女儿说说自己心中的感受；可以录制一些磁盘，供女儿闲暇的时候听，由于女孩年龄小，见过的东西有限，所以很多东西都可以勾起她们的好奇心，有好奇心的存在，她们就很容易对说话产生兴趣。这时候，父母也就不用担心女儿的表达能力难以提高了。

2.提高动手能力，做心灵手巧的"小公主"

一个心灵手巧的女孩，走到哪里都受人欢迎。

艳华的姑姑给艳华买了很多的玩具，比如毛毛熊、洋娃娃等。但是艳华玩了几天后，就将那些玩具扔在了一边，并且说："妈妈，我不喜欢玩那些玩具，我喜欢爸爸给我买的拼图，你们可不可以再给我买几个回来啊？"

艳华的父母意识到，女儿此刻的动手欲望非常强，于是就给艳华买了几副拼图，每次艳华都能够很完美地将那些凌乱的拼图拼好。当艳华渐渐长大的时候，爸爸又从北京给她买了几个大拼图，那几副拼图就算是大人也需要一段时间才能拼成，但是艳华却在一个小时之内完成了。

艳华13岁的时候，她担任了课外活动小组的组长，由于自己的动手能力非常强，很快就受到了组员和老师的喜爱。这一切，不禁让艳华的父母欣慰道："看来我们当初的选择是对的。"

很多心理学家都将手指称为是"智慧的前哨"，这充分地告诉我们，动手能力对人们的重要性。

作为女孩的父母，要想让女孩的智力得到充分的开发，要想培养女孩的逻辑性思维，父母就要让女孩动手。手是人体最重要的器官，通过手的活动，女孩可以明白更深刻的道理；通过动手，女孩可以摒弃"眼高手低"的观念；通过动手，女孩可以将女性的温柔和灵巧展现得淋漓尽致……

一个心灵手巧的女孩，到哪里都受人欢迎；一个心灵手巧的女孩，懂得怎样编制自己的"人际网"；一个心灵手巧的女孩，懂得怎样经营自己的爱情，经营自己的婚姻，甚至经营自己的人生。因为她们"心灵手巧"，她们可以细心且耐心地面对人生中的一切，并将自己一生的心得运用到生活的点滴中。

然而，当今社会，由于很多女孩是在父母的溺爱下成长的，在她们的身上却出现了这样的现象：

有的女孩 6 岁的时候连鞋带都不会系，甚至连吃饭都要父母喂；有的女孩直到上大学了，连自己的衣服都不会洗，饭都不会做；有的女孩结婚生子了，还要经常叫自己的父母去给自己缝补衣服。

一个动手能力弱的女孩，是很难在社会上立足的，她们缺乏独立能力，更谈不上创造一番非凡的事业。所以说，父母要想女孩成为一个成功女性，在女孩小的时候，就应该学会放手，提高她们的动手能力，让"心灵手巧"不再是梦。

★ 不要阻止女孩的"好奇心"

我们经常看到这样一种现象，当女孩将家里的录音机或者是其他小型的物件拆开时，很多父母总会大发雷霆："你就不会安分一点？一个小女孩像个男孩似的，一点淑女形象都没有。"殊不知，女孩的这一切行为都是好奇心在作怪，她们想知道更多的知识。如果父母对其大发雷霆，并严令禁止不许再那样，女孩的好奇心就会被打消，与此同时，女孩也就没有了动手能力。

所以说，父母在见到女孩摆弄家中的玩具或者是电器的时候，不要过分地指责女孩的行为，否则，她们就没有了动手的积极性，也就会与"心灵手巧的公主"擦肩而过了。

★ 让女孩学会用剪刀

剪刀可以剪出美丽的贴花，可以剪出各式各样的图形。其实，剪刀的真正含义在于，当人们在使用剪刀剪画纸、剪图形的时候，无形之间就已经锻炼了人的耐心和专注精神。所以，在教育女孩的过程中，父母不要怕剪刀刺伤孩子，也不要担心女孩拿着剪刀刺伤别人。只要有父母在一旁的正确教育和引导，就可以教会女孩使用剪刀，实现手与脑的协调运转。

可可在3岁的时候，爷爷给她买了一本非常漂亮的书，上面画着很多好玩的玩具和卡通人物。当可可看见那些图画时，就有一种剪下来的冲动，于是可可走到妈妈的身边："妈妈，可以借我一把剪刀吗？我想将这些好看的人剪下来。"妈妈这时候微笑着答应了，但是在递给可可剪刀之前，妈妈很细心地教了女儿用剪刀的方法，并监督着女儿。

可可第二次、第三次借剪刀的时候，妈妈就再也没有担心过，可可也喜欢上了剪纸。

剪刀并不是可怕的东西，相反，女孩经常使用剪刀，可以很好地锻炼耐性，因为如果没耐心，是很难将一条直线剪直，同样也不可能剪出生动的图案。

★ 让女孩玩操作性强的玩具

就像上面例子中艳华的父母一样，他们通过拼图游戏，提高了女儿的动手能力以及逻辑思维能力，让女儿人生的前景更加光明。作为女孩的父母，也应该及时地发现女孩的好奇心，鼓励她们去动手，给她们制造更多动手的机会。

父母在给女孩买玩具的时候，可以适当地将毛娃娃换成拼图，当女孩真正喜欢上有"探索"趣味的拼图时，她们就会主动要求买拼图了；平时的时候，父母还可以买一些画笔教女孩学画画；将一幅画撕成碎片，然后让女儿去拼成原来的图像；给女孩买一些橡皮泥，让她们随意去捏造自己心中的小人或者其他事物……

作为父母，要学会在生活的点滴中提升女孩的动手能力，当你的女儿喜欢上动手，喜欢和你一起完成一些事情的时候，她们无形中就已经具备了动手能力。这个时候，只要父母正确地引导，相信就可以培育出一个动手能力强、心灵手巧的女孩。

3.培养女孩潜在的应变能力，让她一生受益

应变能力是女孩们必不可少的一种潜在能力。

紫琪今年已经上五年级了，她是一个乖巧懂事的孩子。有一次，爸爸妈妈因为有急事要出去，就给她在门上留了纸条："爸妈有急事，今晚可能回不来了，你可以去邻居张阿姨家里睡一晚上，妈妈已经跟张阿姨说好了。"

可是当紫琪回到家后，她没有看到爸爸妈妈留的纸条，见门是锁着的，于是就坐在门前等。天气非常的冷，紫琪却一直蹲在家门口，哆嗦着等了将

近 6 个小时。

直到晚上 10 点的时候，邻居张阿姨一直不见紫琪来自己家，于是就出来看看，这才发现紫琪几乎已经冻僵了，张阿姨赶紧将紫琪抱回家，让她洗了热水澡，紫琪才好好地睡了一个晚上。

故事中的紫琪就是一个应变能力非常差的女孩，在父母不在家的情况下，就算自己没有看到他们留下的纸条，也应该懂得去寻求其他的方式。比如，去邻居家躲躲寒风，喝口热水等，不能一直呆呆地在门口等 6 个多小时。

由此可见，应变能力是女孩们必不可少的一种潜在能力，人生在世，挫折和突如其来的变化谁都无法预料。如果她们不具备较强的应变能力，她们就可能被未来的社会淘汰，可能成为他人的附属品。

在女孩小的时候，很多父母总是过分地溺爱她们，什么事情都采取包办的形式。殊不知，女孩总有一天要踏入社会，要独立远行，就像中国有句话说的一样"翅膀硬了，就要飞走了"。作为父母，都希望女儿能够有能力应对未来生活的变化，希望女儿在受到挫败后依然能够健康成长。那么父母就应该在女儿小的时候，培养她们的应变能力，只有这样，他们才能在遇到紧急事件的时候，在最短时间内想出最有效的办法。

★ 用"假设"激发女孩的应变能力

父母可以通过给女儿假设不同的场景，来教女儿如何应对紧急的情况，以提升女孩的应变能力。在工作之余或者假期的时候，父母应该多陪陪孩子，在这个过程中，父母可以假设一些紧急的场景。

比如，当妈妈不在家的时候，突然有陌生人来敲门，女孩应该怎么做？当爸爸妈妈都不在，家中的爷爷突然发烧了，女孩应该怎么做？当家中的煤气罐漏气了，女孩应该怎么做？在路上走路的时候，突然有陌生人跟着自己，女孩又应该怎么做？当家里停电的时候，女孩应该怎么办？炒菜的时候，锅里的油着火了，女孩应该怎么办？当家中突然着火的时候，女孩应该怎样将火扑灭……这些都是日常生活中会遇到的紧急情况，父母可以通过这样的假设，加上说教和引导，让女儿知道，无论遇到什么样的情况，首先要让自己冷静，而不能慌了手脚。

★ 预防女孩成为小滑头

每位父母都希望女儿成为一个应变能力强的人。所以，在女孩小的时候，就应该开始对女孩进行"应变"的培养。但是，父母在培养女孩应变能力的时候，一定要给女孩明确，应变能力是用来应对生活中一些紧急情况的，不可以让她们运用自身的应变能力去坑蒙拐骗，做不道德的事情，也不是让她们成为"小滑头"，让人难以捉摸的。

最重要的一点是，在培养女孩应变能力的时候，父母首先要教她们如何做人。只有在懂得做人的前提下培育出的女孩才是最优秀的，才是每一个父母所期盼的，才是将来社会上的佼佼者，才是未来社会的主宰者。

4.让女孩自己去选择

夏雨是一个自主能力非常强的女孩，无论面对什么事情，她总有自己的一些看法，深受朋友和老板的喜爱。而夏雨今天所具备的决策能力与母亲的教诲是难以分开的。

在夏雨小学三年级时，学校举行一场演讲比赛，夏雨非常想参加，但是，想想台下上千的学生和家长盯着自己，她又开始犹豫了。她决定向妈妈求救："妈妈，我们学校要举行演讲比赛，我想去参加。"夏雨的妈妈听说女儿要参加演讲比赛，自然非常赞成："这是好事啊，妈妈支持你，不过你报名了吗？"

这时候夏雨才吞吞吐吐地说："还没有，那么多人我有点害怕。妈妈，你说我去不去参加啊？"

这时候，夏雨的妈妈严肃地说："妈妈只能说，这是一次很好的锻炼机会，相信你会有很大的收获，不过，到底参不参加，还是你自己决定吧。"

人们常说，生命的价值在于选择，每个人每时每刻，都可能站在十字路口作选择。选择对了，可能就会成就辉煌的一生，如果选择错了，就可能毁掉完美的人生，因此，在作出自己抉择的时候，一定要三思而后行。

当今社会的女孩，已经可以和男孩平起平坐了。女孩在很多情况下，也有自己的主见，有发表自己意见的权利。然而，很多父母却没有意识到这一点，在女孩的人生需要选择的时候，他们总是一手包办，不让女孩去选择。

当女孩因为这而抱怨父母的时候，很多父母却给自己找了很理所当然的借口："女孩本身就需要保护，我们爱她，所以才为她作了选择。"

正是由于父母的包办，让很多女孩没有自主意识，她们习惯于别人为自己作选择，习惯了跟随别人的脚步。殊不知，这样的女孩是很难在社会上立足的，她们不懂得另辟蹊径，不懂得别出心裁，一味地听从别人的安排。如此一来，女孩可选择的人生途径越来越少，获取的知识也愈来愈少，最后可能会成为一个连说"不"都不敢的女孩。

任何一个父母都不希望自己的女儿成为没有主见的人，都希望自己的女儿在未来的人生中打造属于自己的事业。既然如此，父母就要知道，女孩将来要主宰自己的人生，要面临很多的选择，只有具备了很强的决策能力，女孩才能够为自己作出正确的选择，才能够成就非凡的人生。

其实，在女孩出生以后，她们就已经有了发表见解的企图，比如见到自己喜欢的东西，就会伸手去抚摸；当非常喜欢某个人抱自己的时候，她们会非常乖巧地依偎在那人的肩头；当不喜欢某人时，她们会大哭大闹，这些都是女孩"决策"的表现，随着女孩年龄的增长，这样的自主意识会逐渐增强。如果父母从小就为女孩作决定，压制她们独有的想法，那么，她们将来就会成为一个没有责任感，没有自主意识的人。

父母要想女儿在多年后获得幸福的生活，独自开创自己的天地，那么，在女孩小的时候，就要懂得放手，让女孩自己作决定。

★ 在生活中培养女孩的决策能力

女孩经常被人们称为"温室里的花朵"，很多父母总是试图保护女孩，让她们不受任何外界的风吹雨打。然而，当女孩渐渐走出襁褓，成为一个独立女性的时候，她们则需要一种主见。作为女孩的父母，不可以忽视对女孩自主意识的培养，要在生活的点滴中培养女孩的决策能力。

　　在平时闲暇的时候，父母可以带着女儿出外走走，在放松的过程中，可以问她一些问题。比如，"你感觉这个公园怎么样？""你说那个小女孩是做什么的？"……让女孩在这样的引导下去进行思考，发表自己的看法。父母在决定家里的事情时，也可以让女孩来参与，发表自己的见解和意见。时间久了，女孩就会养成独立思考的习惯了，也就具备了一定的决策能力。

　　★ 让女孩自己去选择

　　"妈妈，我想要那件红色的连衣裙。"小杰拉着妈妈的衣角说道。"那件衣服太红了，而且款式很不好，你就要那件白色的吧。" 妈妈毫不犹豫地买下了那件白色的裙子。

　　"妈妈，我想去报名学习钢琴。"小杰又对妈妈说。妈妈却说："钢琴有什么好学的，我看还是给你报一个美术班吧。"于是在不征求小杰意见的情况下，妈妈给小杰报了美术班。

　　从那以后，小杰再也没有为自己选择过，因为她知道自己的一切都得由妈妈来安排。

　　女孩天生柔弱，但这并不代表她们没有抉择的权利。要想让女儿成为20年后有主见的人，父母就要及时地放手，让她们感受到生命的五彩斑斓。只有让女孩自己去决定自己的事情，她们才会感觉到自己就是人生的主宰者，才会有更多的信心开创自己的人生。

　　★ 是父母的权威扼杀了女儿的决策能力

　　很多父母都认为，在女孩面前，权威能够培育出优秀的孩子。但事实却证明，父母的权威让女孩失去了决策的权利。但是，在很多父母意识到，让女孩具有决策能力的重要性后，有的父母则采取了完全"授权"的方式，最后同样难以培育出优秀的女孩。

其实，在培养女孩决策能力的过程中，父母必须掌控好大人的权威，不可以包办，但也不可以完全授权。比如女儿每天给自己规定，练小提琴一个小时，但是直到睡觉了，她还没有开始，这个时候，父母就应该拿出自己的权威，督促女孩去完成自己的规定，或者逼迫她重新制定自己的计划。

5.打开女孩的思维

开阔的思维激发神奇的创造力。

可玲的妈妈平时工作很忙，可玲最大的愿望就是让妈妈带自己去看儿童剧，可妈妈总是没时间。这一天，可玲的妈妈终于不用加班，可玲可以如愿以偿了。

在路上，心愿得偿的女孩兴高采烈，可妈妈却还没有从工作的状态中走出来，有点"身在曹营心在汉"。这时，可玲指着天上的白云说："妈妈，棉花糖怎么跑到天上去了？"妈妈抬头看看，说明明是白云。可玲继续说道："妈妈，棉花糖后面肯定藏着一个小仙女吧，她怎么不肯出来让我们看看呢？我要是长两只翅膀就好了，可以飞上去看看。"

当时距离儿童剧开演时间不多了，妈妈也没耐心听她说话，就打断可玲的话，说道："小傻瓜，天上哪有仙女，你也不会长出翅膀的。"

听了妈妈的话，可玲委屈地掉下了眼泪。

很显然，故事中可玲的妈妈并不是一位称职的好妈妈，因为她扼杀了女儿的创造力。事实上，创造力是一个女孩智力高低的决定性因素，它决定着女孩在未来的人生道路上是否能够取得成功，是否能够打造属于自己的辉煌。

有了创造力，女孩才能够在日常的学习中不被"只有一个答案"的思维困扰，寻找更快更好地解决问题的方式。在很多人看来，只要女孩平时的学习成绩好，那她的智商肯定很高，其实答案并非如此。

不论是女孩还是男孩，小时候是最富有创造力的，只是父母的一些做法将他们的创造性思维扼杀在了摇篮里。很多父母不喜欢女孩整天蹦蹦跳跳，像个男孩，也不喜欢女孩将买回家的玩具拆得七零八碎。殊不知，女孩的这些行为预示着你的女儿很聪明，很有创造力。所以说，对女儿的这些行为，父母不应该阻止，而应该给予她鼓励和赞美。

作为父母，要想自己的女儿长大后能够获得非凡的成就，就要时刻挖掘女孩的创造力，并学会保护女孩的创新意识和精神。只有这样，才不会抹杀她们的创造力。否则，女孩只能在模仿中长大，长大后也会是一个缺乏独立见解、随大流的女性，最终会被时代淘汰。

所以，父母应该注意培养女孩的创造性思维，相信女孩也可以具备超凡的创造力，也可以在人生道路上描绘最为光辉的一笔。

★ 不要扼杀女孩的好奇心

好奇心是探索知识的前提，也是女孩年幼时的特点之一。好奇心越强，表示女孩的创造力就越强，这时候，父母千万不要制止，而是应该鼓励女儿动手，或者在女儿的旁边帮助女儿去探索更多的"奥秘"。

媛媛心中总是有无数的"为什么"。有一天，小媛媛看着发光的手电筒，感觉非常的好奇，于是就打算拆开探个究竟。这个时候，媛媛的妈妈赶紧跑过来："我的宝贝啊，你在做什么？这个你怎么可以碰呢？赶紧放下，小心把手划破。"小媛媛的行动就这样被妈妈制止了，撅着小嘴离开了。

父母还要明白如何培养女孩的创造力，不能像媛媛的妈妈那样，一味地关爱自己的女儿，什么都不让做，这样只会扼杀女孩的创造性思维。

★ 帮助女孩在实践中去创新

父母都希望自己的女儿聪明能干，但却苦于不知如何培养女儿，其实父母只需要在生活中鼓励孩子不断创新就好。

平时父母可以多和孩子聊聊天，或者给她讲一些故事，在这个过程中寻找女儿最感兴趣的事物。当找到女儿感兴趣的事物后，父母就要因势利导，引导她说出自己的看法。还有，在讲故事的时候，你可以不用从头到尾地讲给女儿听，你可以讲到一半的时候，将故事丢给女儿，让她发挥自己的想象，设计出故事的下一个情节。

另外，父母还可以给女儿买一些有关天文和地理知识的书，增强女儿的立体思维和想象空间。父母时不时要引导女儿用自己大脑里面的"东西"来比喻现实中的事物，比如把头比作皮球，把眼睛比作鸡蛋，把头发比作森林等，这样可以拓展女儿的想象空间。

★ 丰富女孩的生活

在丰富的生活中，女孩的思维才会打开，创造力也会随之增强。这就要求父母通过各种渠道，开阔女儿的眼界，丰富她们的生活。

在节假日的时候，父母可以带女儿去观赏不同的树木和花卉，或者到海边去看各种各样的鱼儿，去动物园看各种的动物；还可以带着女儿去大自然中捕捉昆虫制作标本……总之，父母要学会让女儿亲近自然，只有赋予她们一双发现美的眼睛，才能让她们的思绪在广阔无垠的"天空"翱翔。

归根结底一句话，只要你是一个有心的父母，只要你善于发现并激发孩子的思维能力，那你的女儿也可以成为一个非凡的人。

6.培养女孩的"逆向思维"

逆向思维能够让女孩打破常规的思维模式，形成新的观念和方式。

胡先生的女儿名叫胡静，无论什么事情她都能采取不同的方式去分析，是一个大家公认的聪明女孩。这一切都得益于胡先生对女儿的教育和引导。

在胡静6岁的时候，胡先生突发奇想，为女儿自制了一个可以拨动的时钟，并准备了一面镜子。"来，胡静，你能够对着镜子说出几点钟吗？"说着，胡先生将自制时钟放在了镜子对面。小胡静不懂爸爸的意思，看着镜子里面的时钟，自己信心满满地说出了答案，但结果却是错的。一连做了几次，结果都一样。最后，胡先生告诉女儿："镜子中的时钟与我手中的时钟其实是相反的，你看到了镜子里的时钟，还要反过来去想，才能够得出正确的时间。"

通过这个游戏，胡静慢慢理解了其中的奥妙，她还经常和"自己"玩一个游戏，那就是伸出左手后，镜子中显示的是右手……

胡先生就是通过这样的游戏，让女儿胡静懂得了两种不同的思维方式，一种是正常人的想法，另一种则是从相反的方向来思考，也就是逆向思维。

逆向思维，就是人们常说的"反其道而行之"。这是一种非常重要的思维模式，当我们因为一件事情苦思不得其解的时候，逆向思维就可能解救我们脱离困境。在数学中有一种逆向思维的原理，是针对一道推理题，我们可以从已知的数据推理出结论，同样也可以从结论进行推理，最后得出已知的数据。也就是说，在遇到一些问题的时候，我们要学会从反面进行思考，寻求更多、更为简单的解决方法。

女孩相对男孩会比较听话，也就是说她们听从父母的安排，按照父母的思想做事情的几率比较大。这就很容易让女孩形成一种思维定势，无论做什么事情，她们首先想到的就是父母经常教自己运用的那种方法。逆向思维则可以让女孩打破常规的思维，形成一种新的观念和方式，从不同的角度去解决问题。

生活中的张女士就有这样的经历：

有一次女儿要上厕所，那时候我和她爸爸都在忙，但是女儿却够不到灯的开关。等我忙完后想去帮助她的时候，却发现灯已经打开了。原来女儿是用门后的一把笤帚将灯打开的。

其实，张女士的女儿无意中用的就是一种逆向思维，她没有竭尽全力地去用自己的手开灯，因为她知道，自己怎么努力都不可能摸到开关。这个小事例充分地证明了，逆向思维能够开拓人的思想，打破人们定势的思维。

有关医学专家曾指出，在女孩 4 岁左右的时候，她们已经有了逆向思维的萌芽。只是有的父母不懂得正确地面对。当女孩另辟蹊径的时候，父母常常会说：就你鬼点子多，以后不知道会怎样呢？你就按妈妈说的去做就行了。如此一来，就压制了女孩逆向思维的发展，让她们的思想被束缚住了，导致她们在以后的生活和工作中难以胜人一筹。

所以，在教育女孩的过程中，父母一定要对女孩进行逆向思维的培养，而不是将她们逆向的思维，当作是搞怪或者鬼点子，加以压制和打击。因为女孩只有在大脑中形成了逆向思维的模式，她们在以后的生活和学习中才能够随机应变，工作和事业才能顺风顺水。

★ 让女孩具备发散性思维

在教育女孩的时候，父母要培养女孩的发散性思维，当她们的发散性思维真正达到成熟的时候，逆向思维便会随之而来。这样，不仅可以增强女孩的想象力，还可以打开她们的"思维之门"。

在日常的生活中，父母可以选择某件物品，比如一把椅子，问女孩："你感觉这把椅子像什么？"这时女孩就会发挥想象力，调动自己所有的脑细胞，但是由于她的年龄尚小，见识有限，她或许只会想到：石凳、自行车、汽车等。这个时候，父母就要采取引导式的方法，告诉她更多的答案，比如公园、电影院、保险箱等。

另外，父母还可以在纸上随便画一些图形，让女孩去发挥想象。比如父母可以画一个圆，问女孩：这个图形像什么？父母还可以用提问的方式来开发女孩的思维，如铅笔可以用来做什么、用绿色可以画出什么事物等问题，来培养女孩的发散性思维。

★ 教女孩"反"着来

"反"着来也就是让女孩学会从相反的方向想问题，女孩在 3 岁左右的时候具备的是一种直接思维，不具备深度和广度。这个时候，父母就可以教女孩"反"着来，培养她们逆向思维的能力。

芷若刚上小学的时候，妈妈经常跟她玩一个游戏，妈妈喊："举右手。"芷若就要举左手。刚开始玩的时候，芷若总感觉妈妈在拿她开心，对此她非常生气。但最后她渐渐喜欢上了这个游戏，她还突发奇想跟妈妈玩另一个游戏，芷若喊"起立"，妈妈必须坐下；喊"坐下"的时候，妈妈必须起立。

一段时间过后，芷若以往总是不及格的数学考试，却奇迹般的考了90分，这一切都得益于芷若具备了逆向思维。

父母在培养女孩逆向思维的时候，在教女孩"反"着来的时候，同样也可以采取游戏的形式。这样一来，女孩就不会因为父母一味地说教感到厌烦，反而会喜欢上"反"着来。

★ "反义词"有大用

我们这里说的积累词汇量，并不是要父母按部就班地教女孩一些词语，而是让父母在日常的生活中，在轻松愉快的情况下，帮助女孩积累词汇量。在这个过程中，父母可以采取逆向思维的形式，也就是通过"反义词"来帮助她们，一来积累了词汇量，二来锻炼了女孩的逆向思维。

比如带女儿去公园玩的时候，看到一棵大树，父母就可以让女孩说出"大"的反义词；当天黑的时候，父母可以让女孩说出"天"的反义词，或者是"黑夜"的反义词。通过这样轻松的训练，女孩就会逐渐产生逆向思维，记忆力也会随之提高。

细节 8 | 视界：如何教出眼界开阔、胸怀世界的女孩

每个孩子都充满了好奇心，
都渴望在求知欲的驱使下认识自我、认识世界。
父母要努力为孩子创设一个丰富多彩的环境，
从小为她插上知识的翅膀，
让她在浩瀚的科学太空中尽情翱翔。

1.多才多艺的女孩更有魅力

根据女孩的兴趣，让你的宝贝至少有一两样兴趣爱好。

佳佳是个活泼开朗的女孩，在她刚刚学会走路的时候，每次听到歌曲都会手舞足蹈。在她7岁的时候，佳佳很认真地告诉妈妈："妈妈，我喜欢舞蹈，我可以去报名参加培训班吗？"

佳佳的母亲一直认为刻苦学习才是最重要的，于是毫不留情地说："你现在刚上学，学业是最重要的。那些事就别想了，妈妈不会同意你去的。"

听了妈妈的话，佳佳伤心地离开了，从那以后她再也没有提过学舞蹈的事情，成了一个"书呆子"。

一个多才多艺的女孩才有魅力，也才能在竞争激烈的社会上立足。令人感到欣慰的是，现在有很多父母在培养女儿的过程中，非常注重对女儿才艺方面的培养，希望自己的女儿能够参加多项才艺培训。而这些父母的最终目的，不是期盼自己的女儿在这一方面有所成就，也不是抱着让女儿朝这方面发展的心态，他们只是希望女儿能全面发展，为她们未来的生活增光添彩。

其实，每个女孩都有自己的兴趣爱好，无论是什么年龄段，她们内心的求知欲，都会形成一股强大的力量，从而推动自己不断朝喜欢的方向走去。

作为父母，如果你仔细观察就会发现，当女儿在做感兴趣的事情时，心思会非常专注，做得也非常好。而这就告诉每一位父母，要想让自己的女儿成为未来社会有用的人才和知性女性，那就需要培养她的各种爱好。只有让女儿学到的东西更广泛、更丰富，那她才能在将来更好地生活。

★ 父母要明白兴趣并不是爱好

兴趣和爱好这两个词语，很多父母容易混淆，这也致使很多父母在看到女儿爱好某件事情时，就片面地觉得女儿对这个感兴趣。

其实，这两个概念是不同的，人可以有很多的爱好，范围也可以非常广，但兴趣就不同了，这是人类更高层次的追求。比如，你的女儿爱好看电视，但不可以说你的女儿的兴趣是看电视。作为父母，应当对此有所了解，因为这样可以培养女儿兴趣的多样化。不过，要想让女儿在某方面达到精湛的地步，那么就要着重培养她这方面的爱好。比如，你的女儿喜欢画画、弹琴、唱歌、写作等，这时你要了解女儿在哪个方面更有天赋，进而对其有天赋的领域，进行引导和着力培养。

★ 和女儿一起学习，一起进步

父母和女儿一起活动不仅可以拉近彼此的关系，更可以对女儿的一些行为发挥监督和引导作用。比如，父母在周末休息的时候，可以带女儿一起去逛公园或者去游乐场所，也可以带她去图书馆。在这个过程中，父母要细心地观察女儿的兴趣所在，并从中发现女儿的兴趣趋向。

在生活中，父母还要和女儿做好互动，可以问她一些问题："为什么会这样"，"你说要是那样的话会不会更好"。这些问题能激发女孩的求知欲。因此，当女儿对事物有疑惑的时候，父母应该不厌其烦地进行讲解。

哪怕是在工作日、下班回家后，也都可以陪女儿一起画画、读书、写字等。只要父母在生活中和女儿融合在一起，就能更好地了解女儿的心声，从而正确地引导女儿前进的方向。

在这个过程中，我们需要提醒的一点是，父母在和女儿共同学习的过程中，必须将自己的身份和地位放下，把女儿当作自己的朋友。这样，女儿才能感觉彼此的心相通，从而更好地与你交流。反之，如果作为父母的你高高在上地进行训斥，那么只会让女儿和你走得越来越远。

★ 给女孩选择自己兴趣的权利

在女儿选择兴趣爱好的时候，父母不应该只顾及自己的想法，不听女儿的意见，应该给她更多的决定权。只有这样，女儿才能感觉自己得到了足够的尊重，从而在选择后更好地学习。

小小在 5 岁的时候，被妈妈送到了一个舞蹈培训班，因为老师说小小身材匀称，是学习舞蹈的料。但是，小小就是不喜欢舞蹈，每天都哭着跑回家："妈妈，学习舞蹈把腿压得太疼了，而且我也不喜欢舞蹈，我不想再去了。"

妈妈看着小小委屈的表情，就帮她退了舞蹈班。不久后，小小自愿报名参加了幼儿园的音乐班，因为她自己非常喜欢音乐。由于音乐是小小的兴趣，于是她非常努力地学习，很快小小就成了老师和同学眼中的"小音乐家"。

因此，父母要懂得尊重孩子的意愿，只有让她选择自己的兴趣，那她才能做得更好。

★ 给女儿一个缓冲的过程

任何事情都不会一蹴而就，都有一个过程的。因此，在女儿学习的过程中，父母要学会坦然面对和耐心引导。如果一味地强迫女儿学习，甚至非常看重她的成绩，那么就会给孩子带来很大的压力。如此不仅学不好，还可能导致女儿失去信心，从而彻底磨灭对才艺的兴趣。

如果女儿经过一段时间的学习，仍没有多大的进步，父母这时千万不能心急，而要给予女儿鼓励和信心。但是，如果女儿是因为不喜欢，所以成绩迟迟不能进步，那么，父母就要考虑是否让女儿退出这个爱好了。

2.让女孩爱上思考

让女孩带着"为什么"去学习和生活。

王女士的女儿今年已经上一年级了。这天，王女士向朋友说出了她的烦心事："以前我的女儿也没有这么多问题啊，现在上学了，我一回家还没有休息，那小家伙就上前来开始她的'十万个为什么'，真的快把我折磨死了。"

王女士的朋友听了之后，笑着对她说："你应该高兴才对啊，这就证明你的女儿善于思考，而且求知欲非常高啊，你应该好好地、耐心地给她解答，引导她思考更多的问题。"

听了朋友的解说，王女士喜笑颜开，高兴地回家了。从那以后，她再也没有因为女儿的"为什么"太多而感到烦恼，反之，她开始耐心地给女儿讲解。

女孩天生就比较细心，在生活中经常会发现父母没有注意到的问题，这个时候，父母就应该学会正确地引导，让女儿形成思考的好习惯。

善于思考的习惯，不仅可以帮助女孩在学习中拥有一个良好的习惯，还有助于她们的记忆和理解能力，从不同层次上激发女孩的灵感，让她们的大脑快速转动，不断地发现更多的新事物。

心理学家曾经做过这样一个实验：他让同样的人去背诵不同的音节，分别是 12 个无意义的音节，36 个无意义的音节，还有一个包含 480 个音节的 6 节诗。实验的结果发现，12 个无意义的音节需要将近 17 次才能背诵下来，36 个无意义的音节需要 45 次才能背诵下来，而一个包含 480 个音节的 6 节诗，则只需要 8 次就可以背诵下来。这个实验很好地证明了，人只有在理解的基础上去记忆效果才是最好的。

父母在培养孩子的时候也应该注重孩子的理解能力和思考能力，尤其是女孩，女孩天生的细心让她们喜欢不断地思考。这个时候，父母就要懂得从小就培养她们善于动脑、善于思考的习惯。一个善于思考的女孩，在未来的人生道路上，才可能更好地发挥自己的才能，更好地实现自己的人生价值。

在培养女孩思考能力的过程中，父母只有用正确的方式，女孩才能欣然接纳，也只有这样，她们的智力才能够得到全面地开发。

那么，作为父母，到底应该怎样培养女孩，让她们养成善于思考的习惯呢？

★ 让女儿带着"为什么"去学习和生活

很多父母都会给自己的孩子买《十万个为什么》这本书，以开阔孩子的眼界，增长孩子的见识。其实，父母在培育女儿的时候，不光要有这样的一本书，同样还需为女儿提供一本无形的《十万个为什么》，也就是说，在生活和学习中，引导女儿带着"为什么"去学习和生活。

当女儿在看儿童漫画的时候，父母可以坐在女儿的旁边，放下自己的身份，问女儿"为什么这个怪兽要吃掉这只可爱的山羊？""为什么小花猫老是追着老鼠？"……如果你是一个很有雅兴的父母，那你还可以教自己的女儿下棋，下棋也是最能激发孩子想象力的活动。

★ 和她共同历经和探讨一些事情

父母可以给孩子买一些书籍，在闲暇之余陪孩子一起看书，看完之后，让孩子说说自己的看法，也就是读后感；也可以听听女儿对待事情的看法，这样可以多方面地了解女儿。另外，当父母带女儿游玩回来后，询问一下女儿今天的所见所闻。这时，为了回答你的问题，她不得不去思考，甚至会给自己的所见所闻加上华丽的辞藻，这样不仅培养了女孩的思考能力，也可以锻炼她的表达能力。

当女儿遇到难题的时候，父母不要轻易地说出答案，或者不理不问，父母可以和女儿坐在一起，共同探讨这个难题。让女儿说出自己不解的地方，和她能想到的解决方案，这时，父母所需要做的就是引导女儿去思考。

★ 多多鼓励女孩，给她更多的信心

放学回家后，涵涵就趴在床上哭，妈妈不知道怎么回事，于是就过去问："涵涵，怎么了，谁欺负你了？"这时候，涵涵抬起头和妈妈说："今天老师问了一个我从来没有听过的问题，我就大胆地说出了我的想法，但是老师却说我异想天开。"妈妈对涵涵说："孩子，妈妈觉得你是对的，你也不要难过了，我们再接再厉好吗？"听了妈妈的话，涵涵终于破涕为笑。

女孩在学习的过程中经常会犯错，这时父母应该明白，女孩的抗打击能力相对比较弱，应该给予女儿更多的信心，夸奖自己的女儿。这样，在下次遇到问题的时候，她们还可以大胆地思考，而不是畏畏缩缩，一切按部就班。

★ 女孩也应该有发表意见的权利

生活中，我们会发现，女孩总是喜欢表达自己的想法。然而，很多父母却指责她们。其实，父母应该耐心地听完女儿的建议，哪怕她说的不对，或者让人听不懂，父母也不能打断女儿的话。只有这样，女孩才感觉得到了应有的尊重，她思考的积极性才不会因此消失。

3.阅读打造女孩的书香之气

阅读带女孩走进知识的海洋，为她插上梦的翅膀。

琳琳在三岁的时候，妈妈经常会读一些文章给她听。每当这个时候，琳琳就会显得特别安静，脸上不断地流露出愉悦的表情。

当琳琳长大认字后，已经不用妈妈给她读书了。这时，琳琳会自觉地寻找自己喜欢的书籍，自发地去读书，对阅读产生了很大的兴趣。

而这时，妈妈也采取了支持的态度，只要琳琳喜欢的书妈妈一定会买给她。当琳琳到了五年级时，不仅写作、阅读、理解能力出众，而且懂得的知识也大大超出了同年龄段的小朋友。

每个父母都希望自己的女儿长大后能够成为气质佳、形象好的女性，不希望自己的女儿成为俗气满身的人。古人有云：腹有诗书气自华。当知识充溢一个人内心的时候，那么她身上的优雅气质便会自然流露。

是的，气质是知识的体现，只有拥有足够的知识，一个人的气质才会与众不同。因此，莎士比亚才会很巧妙地阐述了阅读的重要性：人的美丑是先天的，而人的素养则是书籍造就的。

现在，我们可以想一下，一个不爱读书的女孩气质会如何呢？答案显而易见，对于一个不爱读书的女孩来讲，即使有着美丽的外貌，那她的内心也会流于世俗，身上没有那种迷人的气质和修养。

如果一个女孩能够经常阅读，那么无形中便会积累丰富的知识，从而让自己的言谈举止洋溢出令人景仰的书香之气，为自己平添一份魅力。如此，她便能在未来的人生道路上更好地展现自己，从而打造属于自己的一份永不过时的美丽风景。

因此，父母要想让自己的女儿更加优秀，那么，就从她小的时候开始培养她的阅读习惯吧！

那么，父母应当怎样培养女儿的阅读习惯呢？

★ 提高女孩对文字的求知欲

在女孩上学之前，认识的字是非常有限的。可是，也就是这个时候，女孩的求知欲是最为强烈的。因此，父母要在这个时候，着重去培养女孩认字、写字的兴趣，因为有了兴趣她才会对书籍里面的文字产生渴求。

当然，在教女儿认字的这个过程，父母不应该让女儿单纯地去学习写字，而应该从生活的点滴中出发，让女儿在生活中一点点地走进知识的海洋。到了那个时候，文字对她们来说就不再枯燥无味了，而她们也会由此对学习产生兴趣。

★ 创造良好的家庭阅读环境

人是环境的产物，要想让女孩形成良好的阅读习惯，一个轻松自在的阅读环境是非常重要的。

针对这一点，父母可以在家里专门为女儿提供一个阅读的空间。给她提供一个书房，书房里有精美的书架，和她喜欢的书籍。另外，还要准备一张书桌和一把舒适的座椅，让女儿在阅读的时候可以保持一个舒适的姿势，这样，她们才会更加喜欢这个阅读环境。

除此之外，父母之间有了矛盾，千万不能在女儿面前爆发，更不能向她诉苦。因为这样做，只能让女儿产生厌烦心理，从而不能安心读书。

★ 让周围的环境影响孩子的阅读习惯

在起初让女孩读书的时候，她或许会有很多的不情愿，这个时候，父母也不要手足无措，更不要使用强制性的手段逼迫她去读书。

王先生给自己的女儿买了很多的课外书籍，但是女儿说什么都不愿意去看那些书，就那样原封不动地摆在自己的书架上。有一天，女儿的朋友来找她玩，那个小朋友非常喜欢读书，她给王先生的女儿讲了一个很动听的童话故事，王先生的女儿听得目瞪口呆。

等朋友走后，女儿迫不及待地来到王先生面前："爸爸，她怎么知道那么多，她那些精彩的故事是从哪里得来的？"王先生顺水推舟地说："是从爸爸给你买的书里面啊。"从那以后，女儿就再也不用督促，自己经常主动拿起爸爸买的书读起来。

阅读可以带领女孩走进知识的海洋，当你的女儿真正爱上读书的时候，她的内涵和气质便会油然而生。

4.虚心好问：帮助女孩挖掘更多的"知识宝藏"

一个虚心好问的女孩，在未来的某一天定会成为非凡的女性。

已经 8 岁的吉吉每天放学后，都会缠着爸爸、妈妈问很多的问题，比如"妈妈，你说为什么天是蓝的呢？""爸爸，为什么你会和妈妈结婚？""妈妈，你看这个题目太难了，你可以来帮我一下吗？"……每次，吉吉的父母听到孩子的这些问题，都会非常紧张，他们甚至苦恼女儿是不是得了什么病……

有一次，吉吉的父母去参加家长会，会上吉吉的班主任说了一番话：孩子善于提问是非常好的表现，那证明他们的求知欲非常强烈。就像我们班的王吉一样，这个小女孩非常聪明，善于问问题，而且从来都很谦虚。

吉吉的爸爸、妈妈简直不敢相信，老师居然会说吉吉好问是好事，这时候，他们才意识到自身的错误。从那以后，吉吉的爸爸、妈妈再也没有对女儿的问题感到厌烦。

有句话说得好，"问是学之师，知之母"。每个人都有困惑或者不懂的地方，更何况是年幼而又细心的女孩。

当我们把眼光放到学校的时候，不难发现，在课堂学习中，那些积极思考，善于提问的孩子，在看待问题上才会更全面，分析得更透彻。而那些只等着老师讲解给出答案的学生，往往就是"死读书"的孩子，在每次考试的时候，他们所掌握的解题方法也只是老师所传授的。对于女孩来讲，性情温柔，不善于表达自己是一种天性，如果自己再不善于思考，那么，她们的未来之路上就会多出很多的绊脚石。

作为父母，要想培育出优秀的女儿，使自己的女儿成为未来社会的新女性，那就应该从小培养女孩的扩散性思维，让她们形成积极思考、善于提问的好习惯。勇于提问自古就是获取知识的最佳方法，只有带着无尽的问号才可能真正走进知识的海洋，挖掘更多的知识宝藏。

然而，很多父母总是忽视了这一点，还为女儿的"多嘴"苦恼。其实父母的这些想法都是因为自身的认识不够，是自己的一种错误认识。面对女孩的提问，父母不能避而不答，更不可以敷衍了事，而应该耐心地给女儿讲解，否则，女儿提问的积极性就会消失，以后她也会少了善于思考和积极表达的勇气。

父母要知道，当女孩子长到 5 岁左右的时候，是最喜欢提问题的，那时候，她们的大脑在迅速发展，她们的问题千奇百怪，是家长难以想到的。面对孩子的提问，父母应该理性地认识，并在这个最重要的阶段给予孩子正确的引导，并不断地鼓励她们。只有这样，她们才可能将自己的优点不断发挥，创造出更加美好的人生。

作为女孩的父母，不要再抱怨孩子成绩这样糟糕！而应该好好地沉下心反省一下自己。父母不要轻易地去堵塞孩子获取知识的通道，而是应该从小培养她们"不耻下问"的习惯。

那么，如何培养女孩好问的习惯呢？

★ 重视女儿的想象力

在女孩成长的过程中，想象力是极为重要的，而有着丰富想象力的人，汲取的知识也会更加广泛。具有生活情趣的父母是深知想象力的重要性的，所以他们很注意培养女儿的想象力。而缺乏情趣的父母则根本认识不到想象力的重要性，所以他们无论干什么都只论事实、排斥想象，甚至把圣诞老人和仙女也从家里撵走。而这样的做法，就如同撵走女孩的玩伴和抛弃她的玩具一样，对女孩来说是残酷无情的。

因此，父母应该重视女儿的想象力，多和孩子做一些想象游戏。如，模拟家庭生活，让孩子和其他小朋友一起过家家；模拟社会活动，如扮老师、看医生、当警察、打电话等。还可以与孩子一起画简便易行的想象画，或者续编小故事；与孩子一起看图说话。

想象游戏不仅可以丰富女孩的语言词汇，还能锻炼她的表达能力、沟通能力。使她不断地提出问题，从而获得更多的知识。

★ 不能漠视孩子那些"幼稚"的问题

生活中，很多小女孩经常会问一些大人眼中"幼稚"的问题。比如：世上真的有白雪公主吗？我可不可以成为美人鱼？神仙住在什么地方？

这个时候，父母千万不能不耐烦地说"不知道，没有"，如果你这样回答女儿，那么你认为你的女儿再遇到问题时，还会问你吗？因此，对于女儿的这些问题，父母应当以平等的态度为女儿讲解。只有这样，你的女儿才会好问、想问，也才能热爱思考。

★ 鼓励她去寻找答案

很多女孩在学习的过程中，如果遇到不懂的问题，会很羞于去向别人寻求解答。这个时候，父母要鼓励女孩，告诉她这个题不会没有关系，明天去学校问一下老师或者其他同学。这一点还需要父母作督查，在她放学回家后，你可以再次提到那个问题，如果已经问了，并且懂了，这时候父母千万不要吝啬你的一句"女儿，真棒"。

在培养女儿的过程中，父母一定要将女儿的弱项转变成强项，激发她们的信心，让她们形成善于思考的习惯。相信一个虚心好问的女孩，在未来的某一天定会成为非凡的女性，定能在自己的人生路上走得畅通无阻。

5. 让女孩用双眼看世界

"观察"能够帮助女孩认知世界。

任寰是知名的作家，可她小的时候得过哮喘，每次住院的时候，她并没有像其他病人一样哀叹或睡觉，而是静静地躺在床上，观察身边的事物，比如，雪白的床单、细细的针管、窗外茂密的丛林，等等，还经常对那些事物进行不同的遐想。

后来，父亲也发现了小任寰的这一特点，于是在任寰上二年级的时候，父亲就有意识地培养任寰的观察能力。父亲在闲暇的时候带着任寰走进大自然，观察大自然。就这样，在任寰10岁的时候，出版了自己的诗集，她成了知名的"小神童"。

当一个女孩具有敏锐的观察能力后，她的想象力和创造力也会随之增强，智力同时也得到了开发。所以，父母要懂得如何培养女孩的观察能力，让她们更加了解未知的世界。

女孩在小的时候，好奇心非常重，她们总想通过身边的事物去洞悉整个世界，也正是这种好奇心促使她们不断地观察、不断地探寻、不断地认知这个奇妙的世界。

　　或许有人会感到好奇，难道仅仅靠观察就可以认知整个世界吗？其实不然，但是要想认知整个世界，观察却是必不可少的。观察可以增长一个人的知识，可以促进人们的实践活动。对于女孩来讲也是如此，拥有了观察能力，就相当于拥有了洞悉世界的慧眼，可以让看到的事物上升到理性的认识。

　　由此可见，观察能力在女孩人生道路上有着举足轻重的作用。然而，在生活中，很多父母却总是压制女孩的观察能力，当女孩来到一个从没去过的地方，因为好奇而四处张望，这时父母会训斥："看什么？先看好脚下的路吧。"就这样，很多女孩习惯于听从父母的话看脚下的路，而忘了观察周围的新鲜事物，从而失去了敏锐的观察能力。

　　其实，父母的制止是很不明智的，只有当女孩具有了观察能力，她才能够更好地洞悉世界，更快地获取知识，更好地在社会上立足。而父母要想培养女孩的观察能力，就应该善用各种事物，让女孩在生活中不断提高自己的观察能力。

　　★ 女孩的观察兴趣要培养

　　当女孩渐渐有了自己的想法的时候，她们对世界的好奇心是最为强烈的，她们会通过各种不同的渠道认识自己身边的事物。这个时候，如果父母不懂得提高女孩的观察力，她们就没有能力去洞悉更加广阔的世界。

　　田乐从小就喜欢观察动物，她的生物成绩特别优秀。在田乐 5 岁的时候，一天晚上，她忽然听到附近的草丛里传来一阵阵美妙的鸣叫声。好奇的田乐问爸爸："这是小鸟在鸣叫吗？"爸爸没有急着把答案告诉孩子，而是反问道："我也不知道那是什么，你为什么不自己看看呢？"

于是，一心想看个究竟的小田乐勇敢地钻进草丛去观察、探索。结果她发现：发出声音的不是小鸟，而是一种蚂蚱。从此，她对动物产生了浓厚的兴趣，良好的观察能力也就渐渐培养起来了。

女孩的观察能力不断提高，她们才不会失去探索世界的激情。培养女孩的观察能力，其实有很多的办法。比如在春天的时候，带着女儿去"踏青"，观察田地里的绿草和禾苗；夏天的时候，带着女儿去聆听知了的叫声，夜晚的时候还可以陪女儿一起捉萤火虫；秋天的时候，让女儿亲手去抚摸清香的谷穗；冬天的时候，让女儿尽情享受第一场雪带来的惬意。在这四季的变换中，父母要引导女儿去观察万物的变化，从而更好地认识四季的轮换。

★ 让女儿在家中也可以提高观察能力

父母在做家务的时候，女孩一般都有动手的欲望，只是自己不知道从何下手。这个时候，你可以主动地教女儿，让她有更多的第一次：第一次洗衣服，第一次打扫卫生，第一次帮妈妈洗脚，第一次和妈妈浇花……其实做任何事情的第一次，都能够培养女孩的观察能力。

★ 要女孩自觉观察

父母要知道，仅仅让女儿拥有了一定的观察能力是远远不够的，让她们自觉地观察才是最终的目的。没有人能时刻为女孩提供观察的机会，面对纷繁复杂的社会，女孩要主动地去观察社会、认识世界，他们才可能洞悉周围的一切，才可能更好地在社会上立足。

要想让女孩形成自觉的观察能力，父母就要培养女孩日常观察的自觉性。在节假日的时候，带领孩子一起去山间或者丛林，玩的过程中采集不同的标本，晚上回来后去进行比较；让女孩自己一个人去一个地方，并提出自己的要求，如"回来后将自己看到的东西陈述一下"。如此一来，她们就会带着你的问题，自觉地观察路上的一切……久而久之，你的女孩就会养成自觉观察的好习惯。

6.从小培养女孩的国际视野

别让孩子输在起跑线上。

林林还不识字的时候，爸爸就在家中的墙上挂了一幅世界地图。妈妈埋怨爸爸："你在墙上挂这东西，是想把女儿当成儿子养啊？再说，女儿还不识字呢，她看得懂吗？"爸爸却笑着说："这跟儿子女儿有什么关系？咱家的女儿从小就要有国际视野！可不能做坐井观天的青蛙。女儿看不懂，我可以教给她啊！"

从那以后，每当爸爸带林林吃肯德基或者麦当劳回来，都会引导她在地图上找到美国；全家人去吃韩国料理时，爸爸也会给她讲一些韩国的历史故事，以及韩国的科学技术，然后把地图上的韩国指给林林看。因此，林林在很小的时候就已经对很多国家有了了解。有时候，爸爸还会跟林林比赛，谁要是先在地图上找到指定的国家，谁就能得到一份小奖品。

很多父母都说过这样的话："为了不让孩子输在起跑线上，在女儿3岁的时候，我就让孩子学习英语了。这未来社会，英语不好的话连工作都找不到。""等我的孩子长大了，一定送她出国留学。出去长长见识，回来以后就

176

是不一样。"

随着科技发展的日新月异，世界逐渐成为人人口中的"地球村"。现如今，越来越多的家长开始主动让孩子开阔眼界，从小培养孩子的国际视野。与家长们的深谋远虑不谋而合，很多教育专家也指出："只有从小培养孩子的国际视野，才能让孩子们拥有更大的生存空间。"要知道，未来的孩子将面临越来越激烈的国际竞争，而要想让他立于不败之地，必须对异国文化和历史拥有全面、深入、准确的了解，在这一点上，无论男孩、女孩都是一样的。

所谓国际视野，就是说我们要让孩子立足现在的生活，从小就对未来社会的发展、未来的世界，有着更深远的认识，并积极做好准备。如果做不到这一点，孩子在长大之后恐怕就真的要成为林林爸爸口中的坐井观天的青蛙了。因此，对于孩子的父母来说，积极培养孩子的"地球村"意识，就是刻不容缓的一项教育重任。要知道，对于女孩子来说，在未来取得多大的成就、能有多大的作为，将在很大程度上取决于她是否具有"国际化"的视野。

不仅如此，一个女人是否拥有出众的气质，在很大程度上取决于她掌握多少知识。作为女孩的父母，想培养一个气质出众的淑女，从小给孩子灌输各种各样国际化的知识，是培养孩子国际化视野必不可少的。

对于培养女孩的国际化视野，父母可以从以下几个方面入手。

★ 为女孩准备地球仪和世界地图

相比于各式各样的布娃娃、毛毛熊，地球仪和世界地图也是爸爸、妈妈送给女儿的好礼物。就世界地图而言，地球仪也是个不错的选择。好奇心重、喜欢新鲜事物的女孩一般都会对新买来的地球仪倍感喜爱。

买地球仪和世界地图的好处是，只要在电视等媒介上看到某个陌生的国家，爸爸、妈妈就可以随时和孩子一起在地球仪和世界地图上寻找、对照。孩子习惯了这种方式，自然就会形成一种习惯。例如，新买的玩具上印有"印度制造"的字样，孩子就会在地球仪上寻找印度这个文明古国，如果再能配上更加详细的各国地图册，孩子就会在不知不觉间学到很多很多有用的知识，开阔自己的眼界。

除了在家中准备好地球仪和世界地图外，如果孩子喜欢绘画，家长还可以鼓励孩子画地图。画出地图，是教孩子从小心中装着世界的最好方法。当孩子的画笔慢慢伸展，她在画地图的同时，也就熟悉了不同的国家。

★ 培养"多语"小公主

由于孩子在学习语言方面拥有得天独厚的优势，父母最好从小就对女儿进行双语甚至多语教学。

让孩子学习外语是帮助她熟悉世界的一条最便捷的途径。但学习外语却并不意味着只是单纯地让孩子学说外国话，任何一门语言，都起源于一种相应的文化，只有让女孩从小去接触不同的文化历史、不同的风俗习惯，她才能更好地把握这个国家的语言，进而拥有相当开阔的国际视野。

★ 书籍是孩子最好的伙伴

每一个孩子都喜欢让爸爸妈妈给他们讲童话故事，尤其女孩更是如此。所以，在女孩小的时候，父母可以多给女儿讲一些不同国家的童话故事，或是引导她多读一些不同国家的童话书。随着女儿年龄的增长，父母还应在女孩的床头摆放一些可以更直观地了解世界的精美图书，比如《国家地理》等书籍和刊物。这样的书不仅内容丰富有趣，而且图文并茂，是引发女孩对世界各地产生强烈兴趣的最好媒介。书籍是孩子幼时最好的伙伴，而兴趣则恰恰是孩子求知最大的原动力。

★ 利用发达的网络，让女孩更快更多地吸收知识

国家有界，网络无界。电脑的普及，让世界各个国家之间的距离越来越近。因此，父母可以利用发达的网络，教给孩子更多的知识，通过网络了解各国的风土人情，并对世界各地发生的重大事件有所了解。在孩子学了外语之后，家长还可以引导孩子，陪孩子一起浏览国外的网站，既锻炼了外语，又开阔了视野，一举两得。

7.让她尽情地"做梦"吧

想象力比知识更重要，为女孩插上想象的翅膀。

一天，妈妈带着女儿因因在小区里散步。走到一片草坪前的时候，因因看到绿油油的小草，产生了好奇心，想要伸脚踩一踩，试试是什么感觉。妈妈拉住了因因，说："宝贝，你会踩痛小草的。"

因因感觉有些疑惑，她看着妈妈，又看了看小草，说："小草真的会痛吗?"

妈妈回答说："小草也有爸爸妈妈，如果你踩了它，它会很痛的。它的爸爸妈妈也会伤心的，就像你受了伤，妈妈会伤心一样。"

"妈妈，那小草会哭吗?"因因相信了妈妈的话。

"会哭！但是小草很坚强。"妈妈的语气更确定了。

"那它为什么不说话呢?"因因已经变成了"好奇宝宝"，早忘了想要踩草

地的事。

"小草在睡觉呢，所以不说话。但是如果你踩了它，它就会醒了。"妈妈认真地说。

"啊，我知道啦！小草现在在睡觉，等它睡醒了就会唱歌，不但会唱歌，还会跳舞，会和爸爸妈妈一起跳舞，如果我们踩了它，它就会很痛，所以千万不能踩到它。"囡囡唧唧喳喳地说了一大堆。

妈妈高兴地说："囡囡真棒！那我们回去写上一块板子放在这里，提醒叔叔、阿姨不要踩到小草好不好？"

囡囡高兴地点点头。

几天过去了，囡囡兴冲冲地从自己的屋里拿出一叠稿子，说自己写了一篇童话故事，题目就是《小草在睡觉》，并念给妈妈听。后来，妈妈把囡囡写的故事寄给了《中外童话故事》杂志，很快就发表了。

"女孩天生爱做梦"，你永远也猜想不到她们的小脑瓜里有些什么念头。与男孩相比，女孩更擅长形象思维，而这也就决定了女孩在想象力方面更具有优势。

但可惜的是，很多女孩的父母却一点都不看重这一点，他们不仅不肯为女儿插上想象的翅膀，反而对女儿的想象力持否定的态度。他们喜欢女儿踏踏实实地学习，不喜欢女儿没事乱想象，更是禁止女儿玩什么扮演公主、仙女之类的过家家游戏，认为这纯粹是浪费时间。

其实，想象力是上帝赐予女孩子的珍贵礼物，对于家长来说，扼杀女孩的想象力是非常不明智的。爱因斯坦曾经说过："想象力比知识更重要，因为知识是有限的，而想象力概括着世界的一切，推动着科学发展、进步，并且是知识的源泉。"失去了想象力，女孩脑中的知识就只是一大堆枯燥的文字而已。

幼年时期是女孩想象力发展的重要时期。如果在幼年的时候女孩的想象力得不到发展，那么，她长大后一定不可能成为诗人、小说家、画家，而且也很难成为一名出色的法官、建筑师或是科学家。要知道，缺乏想象力的人在任何人眼中看来，都是一潭死水，泛不起智慧的波澜。

想象力既然如此重要，那么，父母应该如何培养女儿的想象力，为女儿插上想象的翅膀呢？

★ 让女孩多听、多看

在看和听当中得来的素材是想象力的原材料。从本质上来说，想象是一种创造，是一种形象思维。木匠制造家具需要木材，作家制造作品需要体验生活。由此可见，任何创造都不可能是凭空产生的，都需要原材料，而创造想象力的原材料就是这些由看和听得来的素材。

因此，作为父母应该让女儿从小尽可能地接触自然、接触社会、接触人世间的万事万物，多听多看，以便使女儿对尽可能多的事物产生基本的认识。只有这样，女孩才会在想象活动中拥有更多的创造性思维素材。

★ 陪着孩子玩"过家家"

每个女孩都喜欢玩过家家的游戏，这也是由女孩擅长形象思维所决定的。不少家长觉得女儿玩的这种过家家的游戏特别幼稚。但实际上，正是在玩过家家的过程中，女孩的想象能力得到了很大的发展。在游戏中，我们常常可以看到女孩抱着娃娃扮演妈妈，这时就是她想象力最活跃的时候，她完全忘记了自己，而沉浸在妈妈的角色中。因此，家长不仅不应该反对女孩玩这种"幼稚"的游戏，反而应该亲身参与进来，陪着女儿一起玩，并且在游戏中对女儿的想象力进行正确的引导。

★ 用故事催生女孩的想象

女孩在听故事时，想象力特别活跃，尤其在听童话故事的时候更是如此。故事取材于生活而又高于生活，在听故事的时候，女孩的头脑中不断出现故事中的人物、情景，想象着以后的情节。故事讲完了，有时女孩对结局感到满意，但有时她不喜欢这样的结局，就会自然而然地去想象自己更满意的结果。在这一过程中，女孩的想象力就会得到很大的发展。

细节 9 │ 主动：如何教出自动自发、
潜力无限的女孩

每个孩子天生就有学习的动力，
喜欢探索一些未知的领域，父母应在她学习初期
帮她找到兴趣所在，制定合适的学习计划，
让她爱上学习，主动学习，善于思考，
拥有独立解决问题的能力，
从此不必为她的学习担心。

1.用兴趣作为女孩学习的老师

兴趣激发情感。

正上小学四年级的雯雯，英语成绩很不好，在她看来英语太难学了，特别是那些单词、短句，即使背下来也不会用，结果很快就忘了。听课也听得迷迷糊糊，云里雾里。

后来，雯雯的爸爸给她买来了一套英语漫画图册，一幅幅配有单词、短句的漫画既漂亮又搞笑，雯雯很快就着迷了。遇到不认识的单词，她就会请教爸爸或者自己拿出英汉词典查。有时候，看到特别有意思的地方，她还要念给爸爸听。渐渐地，雯雯发现自己记住的英语单词越来越多了，而且还不容易忘。到了期末考试的时候，雯雯的英语成绩一下子从 50 分提高到了 80 分。

作为父母，女儿的学习往往是我们最关心，也是最头痛的问题。在生活中，我们常常会看到很多父母经常为督促女儿学习而感到烦恼不堪，总是认为女儿在学习上不积极、不主动。有些父母，甚至还会怀疑女儿是否天生对学习不感兴趣。

事实上，所有的孩子的学习动力都是与生俱来的。我们应该还记得孩子在两岁多时喜欢问东问西，问这问那，有的时候，身为父母的我们还会非常头痛，产生"为什么我的孩子会对每件事都那么好奇"的想法。不过，随着孩子年龄增长，很多孩子会渐渐缺少内在的学习动力。这是为何呢？

原因有很多种，除了家长操之过急的心态，还有一个重要的原因，那就是孩子的兴趣发生了转变。记得爱因斯坦曾经这样说过："兴趣是最好的老师。"所谓的兴趣，就是指人们积极探寻某种事物和爱好的一种心理倾向，而这正是推动孩子不断学习的潜在动力。美国的心理学家布鲁姆曾经专门研究过兴趣与学习的关系，最终证明了学习时满怀兴趣，就会明显减轻孩子的心理压力，从而让身心得到放松，继而弥补智力方面的不足，大大提高学习效率。

我们单就女孩的个性来看，兴趣是其重要的心理导向因素：因为兴趣会引起注意力集中，激发情感，从而让女孩能轻松、愉快地去思考、去创造。

那么，要想培养女孩的学习兴趣，该如何去做呢？

★ 父母要尊重女孩的兴趣

如今，很多家长为了不让孩子输在起跑线上，在女儿很小的时候，就开始逼迫女儿学习各种知识。在入学之后则更加严重，想方设法地让女儿学得好、懂得多，为此把女儿的业余时间安排得满满当当。其实，让女儿多学点东西的出发点是好的，但是作为父母有没有考虑过女儿是否喜欢学这些呢？

想必，很多父母很少考虑到这个方面。很多时候，女儿学习的内容都是父母指定、限定的，而这样所谓的爱，也就带有了功利的色彩——现在的投资是为了以后的回报。需要明白，你所做的这一切并不是爱，而是一种投资，是一种生意。因此，父母一定要改变这种观念。

女孩在小的时候，就好比各种树苗，无论是什么树苗，它们都可以长成各种各样的树木。而这些树木，都是对社会有用的。因此，父母的责任，并不是强迫女儿学这个学那个，而是应该多给女儿一些自由宽松的空间，让她可以自由地选择感兴趣的、喜欢的事。比如，有些女孩动手能力比较强，常常做一些小制作。而很多父母认为这些都与学习无关，于是横加阻止，限制或者不准她们做。殊不知，女孩在动手制作的过程中需要动脑，当遇到不懂的问题时，她们就会查阅相关的资料和书籍。这样的学习过程不仅会让女孩自觉地学习，还会让女孩感到开心、快乐。何况这样的活动，不但能让女孩的思维能力得到发展，还能提高她们的动手操作能力。因此，父母不应该阻止女孩这样做，要根据女孩的这个兴趣特点，为她们提供相关的书籍资料，并且，还应该让女孩多多参加一些相关的有益的活动和比赛。

但是，在现实生活中，有很多的父母对女儿抱有很大的希望。他们总是按照自己的主观意愿去规定女儿的兴趣，而不是在尊重孩子兴趣的前提上培养孩子，这样往往会耽误了孩子的发展。

★ 把女孩的兴趣和学习结合起来

我们常常看到，很多女孩在听到写作文时就头痛。让她写这个，她说没有写过；让她写那个，她又说没有亲自去过，不知怎么写。这时，如果父母硬逼她去写，那她只好这里抄一句，那里抄一行。当找不到可以抄的文章时，就会非常马虎地写几句来应付，从而成了真正为"作"而作出来的作文。但是，有些女孩喜欢动手去制作，这时父母如果支持她，并为她提供相关的书籍，那她看得多了，做得多了，写的时候便会很轻松，便会得心应手。如此，写出来的文章必然真实、有血有肉。因此，家长应该让女儿多参加一些有益的、自己喜欢的活动，并引导她将兴趣与学习联系起来。总之，父母应当把孩子原有的兴趣和知识联系起来，并将兴趣引导到学习上来，从而培养和激发孩子更为优良的兴趣。

★ 让女孩把兴趣放在书桌上

我们都知道，一个好的学习环境可以促使女孩把精力投入到学习上。因此，让女孩拥有一张自己的书桌是非常有必要的。如果把书桌变成女孩感兴趣的地方，那么女孩就会经常待在书桌边，从而可以愉悦地进行学习。需要注意的是，书桌一定要整洁，抽屉里还必须备有各种学习工具。这样，当她需要时，就能很快找到；而不会因为少了某样工具中断作业，从而心生烦躁，停止学习。如此，父母还会担心女儿的学习吗？

2. 让女孩学会自主学习，做学习的主人

太多依赖人的女孩缺乏主动性，依赖性却比较强。

10岁的玲琪是家里的小公主，爸爸妈妈每天都围着她转，把她照顾得无微不至。小时候，作为家里的"宝贝疙瘩"，爸爸妈妈平时自然舍不得玲琪受到半点伤害。吃饭的时候，夫妻俩甚至常常追在女儿的屁股后面，逗着她，哄着她，这样女儿才能顺利地把饭吃完。后来，玲琪渐渐长大，上了小学，望女成凤的爸爸妈妈便给她报了各种各样的培训班。为了让女儿能够专心致志地学习，夫妻俩对女儿更是百依百顺。可是，玲琪的妈妈最近却发现了一个非常严重的问题，她说："我发现我女儿严重缺乏自主学习能力，很多时候，都是我们又哄又逼，女儿才能勉强学一会儿，这样的孩子长大后，可怎么办呢？我们总不能一直这样看着她啊！"

是的，在生活中，我们常常会听到一些父母抱怨女儿学习不主动、不自觉，女儿在写作业时拖拖拉拉、磨磨蹭蹭，最后得与她商量着、哄着才会把

作业做完。不过，有些老师却感觉到，现在很多孩子在学习上依赖性特别强，从收拾书包到写作业，处处都能看到父母的影子。

女孩之所以会依赖人，学习上缺乏自觉性，这和父母的溺爱有着非常大的关系。请想一下，一个整天被哄着、追着喂饭的女儿，又怎么可能自觉地学习呢？要知道，每个女孩原本都拥有自主性，而这些全部在家长的过度"关心"下，一点点被扼杀了。

如今，为了适应快速发展的社会，教育观念也在不断更新。而终身教育理念的确立，就要求每一个社会人，都必须拥有独立、自主学习的能力。研究儿童学习的专家说，孩子的学习不应该是被动的学习，而应该是主动的学习，只有让孩子具有自觉学习的能力，孩子才会成为学习和发展的主人。

因此，需要对关心孩子、爱护孩子的父母说："如果你爱孩子，那么请放手，你的孩子必须具备独立学习的能力。"

那么，让女孩学会自主学习，应当怎么去做呢？

★ 要让女孩在学习中感受到乐趣

生活中，很多父母在女儿很小的时候，就千方百计让她参加各种兴趣班、补习班。要知道，玩是每个女孩的天性，然而当女孩被剥夺了玩的权利，一心只扑在学习上，那学习还有什么乐趣呢？因此，父母应当给予女儿足够的时间，让她在玩的时候可以尽情地玩，学习的时候认真地学。

而当女儿取得了一定的成绩时，父母不要淡淡地说声"还可以"、"还不错"，要及时地进行表扬和鼓励，或者满足女儿的一些愿望。父母只有在女儿取得一点成绩时，为她高兴、为她鼓劲，这样，女儿才会因为学到知识而快乐，从而能在学习中找到乐趣，并愿意去学。

★ 让女孩学会合理地安排时间

学校是有严格的学习时间的，为此，家里也应该合理安排学习时间。只有把什么时候学习，什么时候玩耍，和女儿商量后形成规定，那么她才会自觉地执行。

比如，放学后要先把作业写完然后再玩；或者在晚饭后休息一会儿，然后做作业。只要女儿自己作出了选择，那么她就会在该玩时玩，该学习时学习。

★ 不要经常批评她，而要常常表扬她

王莉的妈妈有这样的烦恼：我女儿现在都上三年级了，可是每次写作业都要我看着才能写完，只要我一会儿不盯着，她就会玩这玩那。现在我很是着急，到底如何才能让女儿改掉这个坏习惯呢？

对于几年级的小学生来说，现在年龄还比较小，自制力较差，因此常常不能专心。为此，当你的女儿不能按时完成作业时，千万不可焦急，更不可责骂打罚她，而应当坚持正面引导，多表扬、少批评，鼓励孩子慢慢进步。只要作为父母的你能坚持，那么，你的女儿一定会有所改变。

★ 父母应该具有一定的耐心和宽容心

很多女孩都有这样或那样的坏习惯，父母需要明白，女儿的坏习惯并非一天两天养成的，因此要想纠正女儿的坏习惯，父母就要切合实际，不能指望孩子在短期内就把坏习惯完全改正过来。

另外，父母还要有宽容心，多给女儿一点改正坏习惯的时间。只要女儿每次都有一些改正，那么父母就应当感到高兴。并且在一些情况下，坏习惯还可能在女儿的身上反复出现，这时父母不必焦躁不安，要知道这都是正常的。

教育家叶圣陶先生曾经这样说："教育是什么？很简单，教育就是要培养孩子的良好习惯。"因此，只有养成良好的习惯，孩子才会终生受益。所以家长要从细节着手，耐心地帮助女儿养成自觉学习的好习惯。这样，你才能在 20 年后看到一位亭亭玉立的新时代女性。

3.帮她制定一个合适的学习计划

分散学习的效果明显优于长时间地集中学习。

这天,小芳焦急地赶到家,回到家的第一件事就是将电视机打开。可是,她喜欢的动画片的片尾曲已经响了起来了,动画片最后一集结束了。

小芳之所以会错过动画片的大结局,是因为自己被老师留在教室里写作业。小芳的心里非常难过,于是伤心地哭了起来,并向妈妈抱怨道:"我已经尽了最大的努力,可是每天的事情还是太多了:写作业、看电视、复习功课、锻炼身体,还要帮你做家务……我觉得时间太少了!"

相信很多父母对这样的场面非常熟悉,尤其当期末考试临近,女孩的生活更会乱成一团:早上早早爬起来背书,晚上复习功课直到凌晨。当你劝她身体是"革命本钱"时,她还会委屈地告诉你,"我还有很多东西没有复习完呢!哎,我要是早些复习就好了"。

当父母碰到这样的情况时,往往会很头痛。其实,要想把这样的问题解决掉,非常简单。办法就是帮助女儿制定一个学习计划,也就是规定什么时候要做什么样的事,从而可以让女儿有措施、有安排、有步骤地去完成。

现在我们来看看下面这位爸爸的做法:

以前我的女儿梅梅因为成绩不怎么好，经常被同学们瞧不起。还有，梅梅的性格比较外向，常常像男孩子一样嬉闹，为此老师也不喜欢她。

以前，梅梅每天到学校时，都会有种度日如年的感觉。有一天，她实在忍受不了了，突然对我说想退学。当梅梅把这种想法告诉我时，我非常地吃惊，当时我很想教训教训她。不过，我认真地想了想，这不能怪孩子，这都是我平时没有关注她的学习。

于是，我就对她说："女儿，如果你现在退学，那么你只能天天待在家里，什么事也做不了。这样吧，你不如按照我教你的方法在学校里再学习一下，你看怎么样？"

女儿点点头。随即，我就帮她分析了当前的形势，并和她一起制定学习计划。最后，我对她说："爸爸不要求你刚开始就有好成绩，不过按着学习计划做，每次只要有一点点进步就可以了。"

后来，在学习计划的帮助下，梅梅渐渐地喜欢上了学习，成绩提高非常快……

我们从梅梅的例子中可以看出，对于女孩来说，制定学习计划是非常有必要的。要知道，制定学习计划不但可以促使女孩热爱学习，而且还能培养女孩良好的性格。对于女孩来说，制定学习计划，不仅能够帮助女孩克服缺乏条理的学习习惯，还能让女孩有计划地进行学习。

诚然，良好的学习习惯并非是短期内可以养成的，因此父母不能心急，要注意在日常生活的细节中培养女儿做事有计划的好习惯。

那么，制定学习计划有什么好处，需要注意些什么呢？

★ 学习计划可以强化女孩的时间观念

一个女孩如果没有时间观念，做起事来她就会拖拖拉拉，不按时完成。因此，父母要想让女儿树立时间观念，那么就需要为她制定一个学习计划。

丽莉没有学习计划，每天晚上都会很晚才写完作业。可是，作业写完后她还要再玩一玩，先看一会儿动画片，接着再翻一翻卡通书，直到父母发脾气了才肯睡觉。

有一次，父母生气没有管她，结果她居然边学习边玩耍直到凌晨。第二天，由于睡眠不足，丽莉在上课的时候打瞌睡被老师发现了，为此挨了一顿批评。

下午回到家后，丽莉哭着向爸爸诉说了自己的委屈。可是，爸爸不仅没有向着她，反而趁机对她进行一番教育，告诉她要制定学习计划，要有时间观念。

从此以后，丽莉按照学习计划进行学习，时间观念变得强多了。

在平时的生活里，父母要有意识地培养女儿的时间观念。只有让女儿明白什么时候应该学习，什么时候应该做什么事情，什么时候不应该做什么事情，这样，女儿才会养成有规律学习的好习惯。

★ 制定学习计划应注意分散学习

很多父母并不知道学习也需要分散，他们认为只要一心放在学习上，就能更好地掌握知识。没错，学习是要专心，但是学习的时间一长，任何人都会感到疲惫。因此，如果有90分钟的学习时间，你是让女儿一下子全部用完呢？还是分成几个步骤，间隔地进行学习呢？

对此，心理学家很早就进行了实验，结果表明：分散学习要比长时间地集中学习效果要好。对于女孩来说，其身心发育的特点采用分散学习的方式更为妥当。因此，父母不妨让女儿先学习半个小时，中间休息一下，再接着学习。这样，女儿不仅不会疲劳，而且还会更有效果。

★ 根据女孩的个人情况制定学习计划

每个人都是不同的，而每个女孩的情况也是不同的。因此，在给女孩制定学习计划的时候，要符合女孩的实际情况。既要充分考虑到女孩的兴趣、性格、体质、环境、最佳的学习时间等因素，还要全面考虑女孩各门功课的情况。需知，克隆的学习计划，并不是一个好的学习计划，只有根据女孩自身特点所做出来的，才会是一个完美的学习计划。

★ 学习计划可以灵活调整

当学习计划一旦定好后，就应当立即严格地执行。不过，在学习的过程中，应根据实际的情况灵活进行安排，切不可过于拘泥形式，不懂得变通、调整。平时的时候，应当注意和女儿交流学习心得，并且要和老师沟通各种学习方法，随时充实、调整学习计划。只有做到切合实际地灵活调整，女孩的学习成绩才可能步步高升。

4.教给女孩好的学习方法，让她学会学习

世上不存在不能成才的孩子，只有不会教孩子成才的父母。

有一位家长这样抱怨道：

我都弄不懂我的女儿，她和邻居家的女孩一样大，并且上同一所幼儿园，上同一所小学。可是，她们的成绩却是一个在天上，一个在地下。领居家的女孩每年都被评为优秀学生、优秀班干部，而我的女儿却每年拿着不及格的成绩单垂头丧气地要我签字。

为此，我和她的妈妈十分犯愁，不但给她买大量的辅导书，还让她上各种各样的补习班。可是，我们费尽心力做的这一切，始终没有收到任何效果。也许，有人会说我的女儿平时不用功学习。然而实际的情况恰恰相反，我的女儿学习非常勤奋。在我们的监督下，她每天早上5点半钟就要起床背书，那个时候我还在睡梦中；而每天晚上，到了11点半她才能上床睡觉。我没有看到邻居家的孩子有这么用功过，可是为什么我的女儿学习成绩仍旧那么差？是不是她本身就非常笨呢？

相信，这位家长遇到的问题，是很多家长都遇到过的：自己的女儿学习非常用功，可是成绩始终比较差。这究竟是为什么呢？

　　其实，上例中的女孩并不是笨。当然，笨也不能代表什么。要知道西方的卡尔·维特先天条件也并不很好，他一出生就被诊断为是有些智障的孩子。然而，就是这样一个有些智障的孩子，却在八九岁的时候熟练地掌握了 6 国语言，并且还通晓动物学、植物学、物理学、化学，尤其擅长数学；当他 9 岁时，成功进入了哥廷根大学；到了 14 岁，被授予哲学博士学位；到了 16 岁时，又获得法学博士学位，并被聘任为柏林大学的法学教授。也许有人会问，卡尔·维特的智障是不是医生诊断错了？答案是否定的，卡尔·维特之所以会有如此的成就，这全在于他父亲的优秀教育方法。

　　因此，好的学习方法是成功的必备因素。生活中，很多学生虽然学习非常刻苦，但成绩总是难尽如人意，而这就在于没有好的学习方法；而有些学生拼命借鉴学习别人现成的学习方法，想要在学业方面走捷径，可是往往都会失败。这，究竟是为什么呢？

　　俗话说"世界上没有两片完全相同的叶子"，因此世界上也就不存在完全相同的两个人。而对于学习，则更是如此。所以，在学习过程中，如何帮助女孩找到适合自己的学习方法，这直接关系到她学习的效率与效果。

　　对于学习方法，我们用一句最简单的话来概括，就是怎样才能让女孩在最正确的时间与最好的状态下学习最适合的知识。据此，也可以解释，为什么同一班级的学生，所花费的时间实际上是差不多的，为什么会有成绩好的和成绩差的。

　　那么，我们应该怎样帮助女孩选择适合她的学习方法呢？

　　★ 把女孩的学习积极性充分调动起来

　　孔子说过这样一句话："知之者不如好之者，好之者不如乐之者。"意思是说，一件事，知道它、了解它，不如爱好它，而爱好它不如乐在其中。这里的"好"和"乐"就是愿意学、喜欢学，而这正是兴趣。

我们常说"兴趣是最好的老师"，因此，对于任何一件事，只有感兴趣才能产生爱好。学习也同样如此，只有对学习产生浓厚的兴趣，孩子才会在学习上形成主动性和积极性。因此，家长可以通过正确的方式方法，让自己的女儿产生对学习的兴趣。比如：通过让女孩在平时的学习中做到课前预习找出问题；积极参与课堂活动，主动发言，收集激励因素。这样，女孩才会对学习产生兴趣，进而迅速地提高成绩。

★ 告诉女孩跟着老师的思路

可以告诉你的女儿，在上课的时候要尽量跟着老师的思路走，尽可能地保持积极的听课状态，并对老师所讲的重点、难点要认真思考，通过听讲来解决预习时发现的问题，深化对问题的理解。

★ 让女孩学会复习

对听课内容进行复习，积极进行回忆和必要的重新学习，这不但可以加深对学过内容的总体理解，还可以减少遗忘。根据遗忘的规律，我们可以采取适当的复习策略来克服，即在遗忘还没有产生之前，通过复习来避免忘记。

5.挖掘女孩潜力，培养她"过目不忘"的本领

没有好的记忆，就不会产生灵感。

晓露现在上二年级，她的记忆力并不好，常常因为忘东忘西或背不出课文而着急落泪。为此，晓露的父母很是心急，可是他们又没有办法，总不能钻到女儿的脑袋里替她记忆吧。

这天，老师让晓露背一篇上个星期学过的课文。这篇课文，晓露当时已经会背了，可是现在却怎么也背不出来。看着老师和同学不屑的眼神，晓露更加难堪，恨不得地面上露出一条缝，让她钻进去。

这时，老师走到她的身边，说："上个星期，我明明要求这篇文章要全部背下来。并且还让小组长盯着，怎么到现在你还不会背？"

晓露不知怎么回答，只得红着眼圈将头低了下去。之后，小组长开始不信任她，每次背课文时，都要再三地让她背了再背。

终于，晓露忍受不了了，回家向父母提出了退学。

学习离不开记忆，如果没有记忆，那么学习就无法进行。故事中的晓露就是因为记忆力不好，导致学习受挫，最终想要退学。法国有一位数学家这样说："记忆是一切脑力劳动之必需。"而法国作家伏尔泰也说："一个人如果没有记忆，那就无法联想及发明创造。"

我们经常说一个女孩很聪明，这往往和她的记忆力挂钩。如果一个女孩的记忆力不好，那么她的学习和生活就会受到局限，从而不识物、不懂事。试想，一个记忆力差的女孩，知识匮乏、头脑空空，还能指望她取得什么成就吗？因此，想要取得成就，那首先就需要知识，需要把记忆的知识融会贯通。否则，灵感不可能产生，发明创造更是空谈。

生活中，很多家长总是抱怨自己的女儿记忆力太差，对知识不是"过目不忘"，而是"过目就忘"，因此怀疑她的记忆力系统是不是差于常人。

为此，有科学研究表明，人大脑的细胞只有很小的一部分被开发和利用，多数的脑细胞还没有得到利用。人们通常使用的记忆方法，多是运用了大脑左半球的一部分功能而已，右半球的功能只是偶尔被利用一下。

因此，人的记忆潜力是无穷的，开发的空间也是巨大的。现实中，有的人为了训练自己的记忆力，整天反复地进行思考，结果脑子中的记忆方法越来越多，记忆力随之也就越来越好。因此，要想提高女孩的记忆能力，关键在于加强对她的记忆方法的训练。

那么，作为父母，应当怎样帮助女儿练就过目不忘的本领呢？

★ 确立记忆的近期目标

对于确立记忆的近期目标，首先要学会安排记忆进程，把长远目标划分解成许多不同的近期目标，进而一个一个地实现，一个一个地跨越。这时，每当记住一个近期的目标，就能增强记忆的信心，从而改进记忆能效，提高记忆的速度。当记住所有的近期目标后，这时所要追求的长远目标也就在不远的前方了。而慢慢靠近长远的目标，无疑会更好地刺激记忆，从而提高记忆能力。

这里我们举一个例子：你的女儿要学习英语，如果笼统地确立一个目标——以后出国深造。这样的目标会让你的女儿感到前途渺茫，从而不能有效地进行学习。假如先确定不同的近期目标，先完成容易的部分，比如第一天先学习 10 个单词，第二天学习 11 个单词……以此类推，这样便会让你的女儿感到信心十足，进而觉得学习英语不再是枯燥乏味的事情。

★ 利用直观形象进行记忆

有心理学家做过这样的统计和研究：女孩对具体形象的记忆非常擅长。这就是说，直观、形象的东西，尤其是视觉看到的物体，容易给女孩留下深刻的印象。

妈妈在教袁梅认字的时候，用了一种集中识字的方法。妈妈把字形、字音相近，能互相引起联想的字编成一组，比如把"人"和"入"、"注"和"住"、"铅"和"沿"等放在一起，让袁梅学认。

也就两年的时间，袁梅妈妈利用这种联想记忆的方法，让小学一年级的袁梅所认识的字达到了 2500 个。

★ 培养女孩的学习兴趣

我们成年人对自己所感兴趣的东西往往会很容易记住，相反，对那些自己不感兴趣的东西，则会强迫自己花大量的精力去记住它。而小女孩往往做不到这一点，她们对不感兴趣的东西很难记得住。因此，要想让女孩学习某种知识，不能光靠强迫式的命令，而应当激发起孩子的学习兴趣。现实中，我们常常能看到有的孩子 2~3 岁就已认识很多字，有的年纪很小就有了非凡的成就，而这都是因为这些孩子对一些事物充满兴趣，从而能够孜孜不倦地去学习。

★ 指导女孩增强记忆力的方法

有人说记忆力的好差是天生的，其实记忆力的好差并不完全是天生的，它是能通过后天的训练进行提高的。因此，父母要注意保护女孩的自信心。然而，现实生活中，有的父母常会骂她们："你这点东西都记不住，一点儿记性也没有，真是太笨了。"这些话很伤女孩的自尊心。父母只有了解女孩记忆的不足，知道其中的原因，才能耐心地帮助她们，进而给予她们最适当的鼓励。

因此，父母需要针对女孩的不同年龄段，对她们的记忆方法进行适当地指导。幼儿的记忆保留的时间较短，因此机械记忆是这个阶段的主要方法。比如，可教她们一些儿歌、简单的绕口令，让她们记住一些简单的科学常识等；入学前的儿童这时已经具有意识和记忆，这时可以教她们运用顺序记忆、归类记忆、联想记忆等方法；而在入学后，要背诵课文，这时可以教她们运用整体记忆和分段记忆等方法。如此，相信一个"过目不忘"的女儿，一定会站在你的面前。

6.培养女孩独立解决问题的能力，走出"自我"

不能主动思考，就不能独立解决问题。

小静今年上小学三年级了，可是每次做家庭作业都要妈妈过来帮忙。只要写作业时，遇到一丁点问题，她就会把妈妈喊过来，让妈妈告诉自己怎么做。

有一次，小静在做数学题时碰到了比较难的题目。于是，她又把妈妈叫了过来，当看到妈妈拿着笔在稿纸上写写画画时，竟然想都不想就让妈妈把答案直接告诉她。

妈妈原本想让小静自己动脑筋想一想，可小静却缠着她不放，非得她帮忙才行。妈妈没有办法，只得将答案告诉了她。就这样，一次、两次……以后，小静一碰到稍有难度的题，就赶紧找父母、老师、同学问答案，总之，从不肯自己动脑筋。

有很多父母认为，自己的女儿年龄还小，不具备解决问题的能力。因此，在学习过程中，女儿一旦遇到问题，父母就赶紧跑过来帮助她或替她作决定。有些家长还认为，女儿遇到的问题越少，就说明女儿的学习越好。殊不知，对女儿有问必答，虽然解决了女儿当前的问题，却让女儿养成了依赖大人的习惯，遇到疑难问题不独立思考，不独立解决，总是希望父母能告诉她答案。而这对女孩的智力发展和学习的提高都没有任何好处。

在学习上，每一个女孩每天都会碰到各种各样的问题。如果女孩不会自己解决问题，缺乏独立思考能力，那她将来又怎么可能取得成功和进步呢？有位教育学家说："学习中没有简单的问题，只有大脑简单的人！只有肯用大脑，解决问题的能力才会提高。"女孩正是在解决问题的过程中，通过认真独立地思考问题，从而不断地走向成功的。

因此，如果你的女儿在生活中遇到了难以解决的问题，那么，作为父母的你就需要引导她自己独立解决问题，而不要直接把答案给出。例如，女儿问你一个字怎么读，是什么意思的时候，你应该让她去查字典，并教她查字典的方法。在这个过程中，不仅让女儿掌握了更多的知识，更教给了她一种实用的技能。拥有了这个技能，女儿就拥有了自我学习的能力，而这远比告诉她 10 个答案还有用。

对于女孩而言，独立解决问题能力的培养应该是一堂不可或缺的教育课。那么，家长应该如何培养女儿独立解决问题的能力呢？

★ 培养女孩的独立意识

实际上，当女孩的身心发展到一定的水平，她们已经具备了自己解决问题的生理和心理条件。为了解决问题，她们会运用一些策略和办法，而这在无形中会锻炼出她独立解决问题的能力。

所以，父母在日常生活中应放开手脚，做个"懒"人，培养女儿的独立意识。凡是女儿自己的事，就放手让她独立去做。如，让她自己吃饭、穿衣服、整理玩具等。这样，不仅可以避免养成女儿过度依赖父母的习惯，而且还可以让女儿借此探索与学习！虽然有时女儿可能做得不好，会出错，甚至有时会惹出许多不必要的麻烦，但还是应该让她学着自己做才对！

★ 鼓励女孩多发表意见

有调查显示，不敢发表自己意见的女孩很容易会受他人影响改变自己的主意。如果习惯依赖别人，那么当遇到问题时，她们往往会采取消极态度，而这严重影响了其独立解决问题能力的发展。不过，那些敢于发表自己意见的女孩，思维都会比较活跃，习惯认真去思考，那么，其独立解决问题的能力相对就强得多。

因此，当学习上遇到问题时，父母要鼓励女儿敢于发表自己的看法。如在辅导女儿写作业时，可以时常问问她"你认为，除了这样做之外，还有没有其他的方法？""这里有两种写作风格，你觉得哪一种好？"等问题。这样一来，女儿每次遇到难题时，就会先认真分析，然后从多角度考虑问题，最后解决问题的办法自然就会出现在她的脑海里了。

★ 让女孩学会推理

推理能力是独立解决问题能力中比较重要的一个方面，它需要女孩认真思考，才能进行下去。要想培养女孩的推理能力，父母可以让女儿多做一些有意思的推理题目。比如，让女儿自己得出结论：一家四口人，爸爸、妈妈、孩子、奶奶围着方桌在一起吃饭，其中爸爸坐在妈妈旁边，妈妈对面坐的是孩子，请问坐在孩子旁边的是谁？类似的推理问题虽然简单，但却能引导女孩思考、分析，进而得出正确的答案。

★教女孩通过实践积累经验

有一些女孩之所以不愿意独立解决问题，并不是因为不知道思考的方法，而是因为知识和经验的欠缺，导致她们无法得出正确结论，从而不能认真地思考，不能独立解决问题。

因此，父母应当丰富女儿的知识与经验，拓展女儿的思维。比如，增大女儿的阅读量，这不仅能增长女儿的见识，而且还有利于女儿在各门学科的学习中建立知识间的联系和形成良好的知识结构，进而增强认识力和理解力。

事实上，当女孩通过自己的努力解决了一个难题时，那种喜悦是不言而喻的，也是无法用语言来形容的。"纸上得来终觉浅，觉知此事须躬行"，说的就是这个道理。因此，这样的愉快体验，更容易激发女孩的潜能和探究精神，从而可以让她进行研究性学习，并切实地掌握知识。

细节 10 │ 自爱：如何教出健康快乐、活泼自爱的女孩

青春期的女孩向往独立，爱自由，
不喜欢大人的管束。面对这个时期的女孩，
大多数父母似乎都进退两难。此时，
不妨松一松手中的线，让其自由地成长，
在必要的时候给予正确的沟通、引导，
父母的关爱和照顾能陪她一同
度过这个特殊的危险时期，
这一段路也会变成她人生中最美妙的回忆。

1. 给予她特殊时期的关爱

父母不能阻止女孩同异性朋友交往，而要正确地去引导。

曼寒今年 12 岁了，即将小学毕业升入初中。曼寒的父母都是上班族，虽然他们也很爱自己的女儿，在生活上把她照顾得无微不至，但终究还是忽视了女儿心理方面的需求。一天，曼寒妈下班早，就到曼寒的卧室去帮她收拾东西。结果，曼寒妈惊奇地发现，女儿电脑桌的抽屉里竟然放着一个安全套！曼寒妈怎么也想不明白女儿为什么会有这种东西，难道……曼寒妈不敢再想下去了。

曼寒爸下班之后，夫妻俩商量了一下，决定暂时不说破这件事。吃过晚饭，曼寒妈特地跑到女儿的房间里，陪她聊天，期间故意打开抽屉，佯装意外地发现了安全套。曼寒妈假装奇怪地问女儿这是怎么回事，没想到曼寒一点都不紧张，很平静地说："我的一个同学对安全套非常好奇，我们几个人买了一盒，想看看到底是什么东西。每人一个，我就拿回来了。"听了这话，曼寒妈松了一口气，暗自庆幸自己发现得早。同时，她也在心中暗自责怪自己疏忽了对女儿的性教育，以至于女儿需要用这种方法来了解性方面的知识。

青春期的女孩犹如含苞待放的花朵，在未开放之前需要父母的呵护和关爱。由于自身第二性征的凸显，女孩会越来越多地对性方面的问题产生兴趣。作为女孩的父母，一定要知道，这个时期的女孩不仅在身高和体重上有很大的变化，她们的性器官也在逐渐成熟，会对性方面的问题进行探索，甚至思春，都是很正常的事情。

当今社会是一个开放性的社会，无论是在文学作品、广告宣传，还是互联网上，爱情与性已经是人们不能回避的话题了。随着女孩性器官的日益成熟，她们对异性产生好感是正常的，是每一个青春期的少女都要面临的。作为女孩的父母，在这个时期，必须给予女孩一定的理解，并为她们的生活指明道路。在女儿即将步入青春期的时候，父母就应该学会为女儿打好性的预防针，让她们提前认识性，并学会自我保护。

★ 不要回避女儿问起的"性问题"

很多青春期的女孩会有很多疑问，可很多父母不能积极面对女儿的问题，他们总觉得如果让女儿过早地知道性，就等于给了她们偷尝禁果的机会。所以，在面对女儿这些"性问题"的时候，父母大都会选择避而不答。殊不知，父母的冷漠会让女孩失去信任，以后有问题也不会轻易找父母寻求答案。

所以说，当女孩提出性问题的时候，父母一定要坦率回答，在和女儿聊天的过程中窥视女儿的内心世界，发现问题就及时解决。如此一来，女孩才可能坦然地面对异性。

★ 时常告诉女孩应该怎样做

在女孩的成长和学习中，很多父母习惯于告诉女儿"不要做什么"，却很少告诉女儿"应该怎样做"，"应该做什么"。父母在回答女孩问题时，总是非常含蓄，尤其是在女孩提及性的问题时，父母千万不要避而不答，或者是告诉她们"不要做什么"，而是应该教会她们"能做什么"，"应该怎么做"，比如可以和异性握手、旅游等。

"妈妈，我下周想和我们班的同学一起去郊游，可以吗？"丽娟刚放下书包就问道。"哦,有男孩子吗?"妈妈关心地问道。"嗯,只有 3 个女生。"丽娟回答道。

这时候,妈妈的脸色突然变了:"那你还是不要去了,都是男生多危险啊,要不妈妈下周带你去。"丽娟这才意识到什么:"妈妈,你什么观念啊,我知道你在想什么,没事的,再说我们还有 3 个女生一起呢。""不行,你不可以和这么多男生一起出去,妈妈不放心。"

父母不应该阻止女孩和异性交往,而是应该给予她们正确的引导,给她们强调一些和异性交往应该遵守的原则,比如在上学期间不要过早地谈恋爱、对待自己的感情要有责任心、不要偷尝禁果等。这样可以让女孩对性有一个正确的认识,正确看待异性之间的友谊。

★ 关注女儿心理上的变化

在不同的阶段,女孩可能会反复地问同一个问题,对此,父母要根据女孩的年龄,给出一个令女儿满意的答案,不要让她们产生恐惧心理,也不要让她们感到神秘,想切身一试。

在生理的问题上,父母更要作出正确的回答,给女儿讲解必要的生理知识。比如在女孩 12 岁左右的时候,给她们讲解月经的常识;在女孩 16 岁左右的时候,可以给她们讲解如何与异性交往,怎样看待异性之间的友谊;在 18 岁左右的时候,父母就必须让女儿知道有关性的知识。这一切,都需要父母在平日多观察女儿,留心女儿的情况,洞悉女儿面临的问题,才能成为女儿的"贴心朋友"。

在这个时期,无论女孩出现什么样的情况,父母都不能责骂女孩,而是应该引导她们,给予她们一定的鼓励和呵护。只有这样,她们才能坦然面对自身的问题,愉快地度过自己的青春期。

2. 引导女孩走出"追星"迷途

告诉女儿不要盲目追星。

初二的学生梦琪是个哈韩族，帅哥组合东方神起是她的最爱。平日里，父母给她的零用钱她总是存起来，有时还撒谎说自己要买学习用品，实际上却是用这些钱拿来买与东方神起有关的海报和 CD。梦琪把收集来的海报贴得满屋子都是，用海报给教科书包的书皮一拿到学校就能引发同样喜欢东方神起的女同学们一阵尖叫。梦琪的 MP3 里全是东方神起的歌，只要一回到家，就直接钻进自己的屋子里去听音乐，就连写作业的时候都在听。有好几次妈妈关掉了她的 MP3，她却和妈妈争执："不听音乐我写不进去。"那些追星族必备的基本功，小梦琪也是毫不含糊，郑允浩、沈昌珉、金俊秀、金在中、朴有天他们 5 个的生日、血型、兴趣爱好她统统都知道，哪一期的娱乐杂志有东方神起的消息，她都毫不犹豫地买下来，搜集新鲜的资料，讲给同学听，那样做让她觉得自己才是最铁杆的粉丝，为此，她感到无比的自豪。

对于梦琪的行为，妈妈曾经不止一次地说她，可是怎么说也不听，她还振振有词地反驳道："我又不抽烟，我又不玩网络游戏，不就喜欢听音乐嘛，不耽误学习就行了呗！"有时，梦琪一个人在房间里看着东方神起的海报，会打电话给自己的小姐妹诉说情怀："他们简直太帅了！我真希望现在自己已经工作了，那样的话不用向父母要钱，自己就能去韩国看他们的演唱会了！"

追星，这或许是每一个人，尤其是女孩都曾经经历过的人生阶段。事实上，处在青春期之中的女孩对明星的崇拜是一种自然、普遍、健康的成长现象。孩子为什么会如此狂热地追星呢？应把青少年偶像崇拜的行为放到他们生活和成长的具体环境和整体背景中进行分析。学生们在沉重的学习负担下，缺乏自由的时间，没有足够的阅读、对话和交流。激烈的升学竞争、就业压力、简单生硬的德育课，更加大了学生的精神压力。在这种教育环境下，孩子们寻找快乐的本性就在有限的自由时间里投向了"明星"和"偶像"创造的娱乐天地，从中得到暂时的安慰，久而久之，孩子就会把自己大半的热情都投入到追星行为当中去，甚至将追星当作自己的最高价值取向，好像他们生来就是为了迷这些偶像一样。

追星并不可怕，可怕的是父母在女儿疯狂追星的时候无法作出正确的引导，让她们迷失了自己前进的方向。尤其是在信息化日益发展的今天，女孩一出生就被电视、电脑包围着，她们的眼界因此变得更开阔，见识因此而得到增长。这个时候，父母应该注意到，其实每个女孩心中都有一个完美的异性，当她们在看电视的时候，就会不断地寻求心中的"白马王子"，一旦找到就会痴狂。所以，当女儿疯狂追星的时候，父母一定要正确引导，不要等到无药可救的时候才制止。

★ 父母要学会与女儿一起"追星"

当你的女儿不断搜集明星的资料和相片时，作为父母的你是怎样对待的呢？是理性地面对女儿的行为正确引导？还是不断地责骂女儿？

无论怎样，当女儿追星的时候，父母首先要明白，明星也是人，也有自己的过去和未来。这个时候，父母应该学会巧妙地运用明星的过去来教导女儿。比如和女儿一起搜集明星的资料，给女儿讲明星背后的故事，让女儿知道那些光彩照人的明星，在未成名之前所付出的努力。

总而言之，父母要和女儿一起成长，做女孩"最要好的朋友"。只有这样，在女儿迷失方向的时候，父母才可能引导女儿走出迷途。

★ 不要诋毁女孩心中的"偶像"

随着女孩年龄的增长，她们的心理也会变得复杂，她们不仅希望得到同伴的认可，还希望自己的喜好得到别人的肯定，很多父母对于女孩的追星行为，往往会采取一种最不明智的做法，诋毁女儿心中的偶像。面对父母的诋毁，女孩内心就会产生强烈的不满，甚至与父母反目成仇。相信每位家长朋友都不希望发生这样的事情，那么，在面对女儿追星的时候，父母就不应该将女儿心中的"偶像"当作十恶不赦的罪人，而应该给予女儿一定的理解和赞同。

15 岁的清怡非常喜欢加拿大歌手贾斯汀·比伯，只要听到他的音乐，清怡就会忘记所有的烦恼，将一切不愉快抛之脑后。有一次，在和妈妈聊天的时候，清怡告诉妈妈："妈妈，我太喜欢贾斯汀·比伯了，他的声音真的非常美妙。"

清怡还没有缓过神，妈妈就大骂道："你太没有出息了吧，居然喜欢一个歌手，而且还是个男的，你也不觉得害臊。妈妈都感觉难以启齿，赶快去把你那些唱片全部扔掉。"妈妈的话给了清怡很大的打击，清怡在自己的日记中这样写道："为什么妈妈不理解我，我不过是喜欢他的音乐，她怎么能说我没有出息。"

曾经有人对青少年追星现象做了专门的研究，最后得出的结论是，青少年追崇自己的偶像是一种精神的寄托。所以说，父母不要制止女儿的这一想法，也不要极力制止女儿的行为，而应该学会理性地对待，利用明星的过人之处来教导女儿。

★ 告诉女孩，"追星也要讲求品位"

当女孩心中有偶像的时候，她们就会不断地模仿偶像的发型、衣着，很多父母也经常为女儿的一度痴迷感到烦恼。面对女儿的偏执行为，父母应该学会正确引导，让她们在追星的过程中有目的地欣赏。只有这样，她们才不会盲目地追星，甚至刻意模仿明星的造型。

比如在女孩特别欣赏某位歌星的时候，父母要告诉女儿，喜欢他不要只因为他的歌声，而应该去关注他的人品以及其他方面的能力。也就是说，欣赏一个明星不能单单从明星的角度去窥视，而应该去感受他的内涵，最后为己所用。

只要父母在女孩追星这方面，能够摆正自己的心态，给予女孩正确的引导，追星就会成为女孩成长过程中一段绯色的梦幻经历，不仅不会影响女孩的生活，还会成为女孩一生珍藏的美丽回忆。

3.让女孩正确看待自身成长，挺起胸膛

在女孩懵懂的青春期，父母要给予及时、正确的引导。

翠荣自小活泼好动，在她上初中之后，她就爱上了体育课，甚至被老师称作"体育健儿"。然而，现在的翠荣却显得沉默寡言，每次上体育课的时候，她总是找一些借口不去。最后，年轻漂亮的体育老师发现了翠荣的不对劲，于是就把翠荣叫到办公室，才知道了是什么原因。

原来有一次，翠荣穿了一件紧身衣服上体育课，当翠荣在跑步的时候，她总感觉别人用异样的眼光看着自己，并且还不停地窃窃私语。最后，一个男生竟然放大了自己的声音："你看翠荣的胸，真是丰满啊，跑起步来就像小兔子似的。"翠荣立刻停止了运动，脸红红地回了教室。从那以后，翠荣就很少上体育课，但自己的心思却没有人知道，只能自己一个人默默承受。

当女孩进入青春期的时候，胸前的两只"小兔子"也会按捺不住地凸显。这个时候，很多女孩会显得羞涩不已，经常为自己日渐丰满的乳房感到苦恼，甚至产生忧郁的情绪。如果父母在这个时候不给予女儿正确的引导，女孩就可能因此更加情绪消沉。所以，作为女孩的父母，一定要尽早地让女孩知道，胸部的凸显并不是一件丢人的事情。

　　看看我们的周围，很多父母为了让女儿幸福，只是一味地满足女孩物质上的追求，却忽视了她们精神上的需求。尤其是青春期的女孩，面对自身第二性征的出现，她们时刻都在渴望父母的一个关心的眼神，老师的一句宽心的引导，朋友一次真诚的鼓励。然而，能够真正懂女孩心思的父母却寥寥无几。当女孩想将自身的苦恼和想法告诉父母时，父母显得特别冷淡，甚至责怪女儿，埋怨她们小小年纪想得太多。殊不知，随着时间的流逝，她们在渐渐长大，思想在一步步开阔。如果父母不懂得和女孩进行有效的沟通，她们就会锁闭自己的心门。

　　作为女孩的父母，一定要时刻关注女孩的成长，及时和她们进行沟通，给予她们一定的精神食粮。只有这样，你的女孩才能够"挺起胸来"，不再为胸前的"小兔子"感到羞涩，甚至烦恼。那么，作为女孩的父母，应该在哪些方面教育女孩"挺起胸来"呢？

　　★ 让你的女儿挺起胸膛

　　当女孩渐渐长大的时候，女孩的第二性征就会出现，乳房的发育是最显著的特征。很多女孩面对乳房的变大，都无法接受，她们不愿意让别人看到自己突起的胸部，于是就不敢直起胸膛，久而久之，她们的健康就会受到一定的威胁，甚至影响乳房的正常发育，为以后的生活和工作带来很多的苦恼。

　　所以，作为女孩的父母，一定要给予她们正确的引导，让她们正确看待自身的成长和身体的发育。

　　倪雪今年已经 13 岁了，胸部的发育比同龄女孩要早，妈妈曾经告诉过她，当女孩到一定年龄的时候，胸部都会变大，所以她并没有因此而感到羞涩和苦恼。看着自己胸前的"小兔兔"，倪雪在网上查了一些资料，自己还买了适合自己的内衣。

当倪雪的妈妈看着亭亭玉立的女儿，看着女儿昂首挺胸的自信，自己非常开心，她知道自己的女儿长大了。

父母要知道，当女孩长到 16 岁左右的时候，她们的胸型基本上已经发育完成，这个时候，父母要送给女儿一件合适的内衣，以此来稳定胸部的发育，避免乳房下垂等问题。另外，父母还要教女儿学会自我检测，时刻关注乳房的健康。

★ 告诉女儿要"保护好自己的乳房"

从审美角度来讲，女孩高耸的胸部是她们成熟的表现，也是少女的"天资"。然而，有很多女孩在面对胸前的"跳兔"时，会感到羞涩，甚至使用各种方法来掩盖，例如，穿紧身的内衣，买特别紧的胸罩来勒住乳房，等等，可是她们不知道，这样做的后果可能会导致一些临床疾病，还会影响到自身的血液循环和新陈代谢，各种乳腺疾病就会应运而生。

所以，为了给女儿以后的幸福生活打好基础，父母在面对女儿的懵懂，面对女孩突起的胸部时，一定要给予她们正确的引导，并教她们怎样保护好自己的胸部。

首先要让自己的乳房免受挤压、外伤的痛苦，选择适合的文胸；其次就是要勤换内衣，经常清洗乳房，让其保持干净；最后就是不要刻意减肥，否则会严重影响乳房的发育，如果是过度肥胖者，就要适度地减肥了。

★ 为女儿选择适合的文胸

人们常说，适合的才是最好的，女孩在选择文胸的时候，也是如此，只有适合自己胸部的才是最好的文胸。每个女孩发育的情况不同，所以佩戴的

216

文胸也不同，但最重要的是要舒服，不要过紧，也不要过松。这一点需要父母给她们一定的意见。

4.保护好女孩的内心世界

女孩需要有一些自己的秘密。

随着年龄的增长，惠云的性格渐渐变了，她不再和妈妈促膝而谈，不再和爸爸探讨那些国家大事。惠云的妈妈很想知道女儿变化的原因，想知道女儿到底有什么事瞒着自己。

有一天，惠云吃过早餐去上学后，惠云的妈妈就走进了她的卧室，找到了惠云的日记本。就在妈妈想打开日记本的时候，惠云却推开了房间的门，原来惠云在出去后才发现自己没有拿昨晚的作业，所以才返回家。惠云看着妈妈手中自己的日记，非常生气地说："你在做什么？怎么可以随便动我的东西？"

这时候，惠云的妈妈没有愧疚，也没有紧张，而是理直气壮地说："我是你妈妈，动一下你的东西怎么了？还发这么大的脾气，妈妈不也是为你好吗？"

惠云越想越气，夺过妈妈手中的日记："妈妈，我也有自己的隐私，请您尊重一下好吗？最起码也要经过我的同意啊。"

"你才15岁，还是个小孩儿，我没有必要经过你的同意。"

这时候，惠云再也不想说什么，拿着自己的东西，很不开心地走了。从那以后，她很少和妈妈说话，每次出门也总是把自己房间的门锁上。

每个人的心灵深处都有别人无法踏入的净土，都希望拥有属于自己的空间，尤其是已经有自己独立思想的女孩。随着年龄的增长，她们自身的知识和情感都会变得丰富多彩，她们开始试图摆脱父母的束缚，追逐"我的地盘我做主"的生活。这个时期的女孩习惯将自己的情感写进自己的日记，她们不愿暴露自己的内心世界。

然而，女孩的这些行动却牵动着很多父母的心，他们开始为女儿担心，于是开始采取极端的措施偷窥女儿的内心世界。殊不知，女孩的举动是独立意识的体现，是她们成熟的标志，是她们自尊的真实写照。这一切都是在向每一位家长朋友宣告，你的女儿即将摆脱小女孩的角色。

或许很多父母会感觉女儿永远是孩子，无论做什么事情，都不具备成熟的思想。但是，父母不要忘记，她们虽然还是孩子，但是她们也是一个独立的个体，也渴望私人的空间。随着她们年龄的增长，她们的思想开始独立。如果父母在这个时候践踏女儿的那一方净土，强制地揭开女儿的神秘面纱，就会严重地伤害到女孩的自尊。久而久之，女孩就会养成不敢写真话，不敢说真话的心理，父母和孩子之间的代沟也会越来越深。

作为女孩的父母，关心女孩的成长和学习，一定要选择正确的方法走进女儿的内心世界，父母强制性地看女孩的日记，会让孩子和父母之间产生隔阂，很难有良好的沟通。父母要知道，女儿虽小，但同样有隐私，所以，父母一定要学会尊重女孩的隐私，给她们一个自由空间。只有这样，女孩才能真正获得幸福和快乐，才能够和父母和谐相处。

★ 作为父母，要尊重女儿的隐私

每个人都渴望有自己的小小空间，女孩更是如此，她们渐渐长大，在心里有一间小房子，那里面住着自己的小秘密，那个秘密她们是不想与人分享的。

有一天，金玉在吃饭的时候，自己的手机突然响了，于是金玉就回到自己的房间接电话。在金玉刚刚走进房间的时候，妈妈就立刻放下了手中的碗筷，趴在金玉房间的门上听里面的声音。但是，由于门的隔音效果太好了，妈妈根本听不到里面在说什么，妈妈就特别想打开门。

就在这个时候，门在妈妈的推动下居然开了，妈妈一下子跌进了金玉的房间。看着地上踉跄的妈妈，金玉才明白是怎么回事，而妈妈也显得非常尴尬，灰溜溜地走出去了。

作为女孩的父母，要想让女儿成为新时代的高素质女性，首先就要尊重女儿的隐私，只有这样，才能够获得女儿的尊重。

★ 因势利导，让女儿健康成长

女孩的自主意识会随着年龄的增长有所增强，独立自主性也逐步形成。但是，作为父母要知道，女儿这个时期的人生观尚不成熟，在分辨是非上没有正确的评判标准，最容易在这个时期形成错误的观点。所以，作为女孩的父母，一定要细心观察女儿的思想动态，根据她们不同的性格和爱好，因势利导，以此提高她们分辨是非的能力，形成正确的人生观。

当女孩有了一定的爱好和理想的时候，自己的人生观也会由此形成，在未来的人生道路上，她们也可以领悟人生的哲理。这也就告诉每一位父母，在尊重女儿隐私的同时，要引导女儿避开隐私中的危险倾向。

★ "放开手"，让女儿自由成长

父母和孩子的关系是任何东西都不能隔断的。在女孩年幼的时候，父母有义务和责任去抚养她们，但是，当女儿渐渐长大后，父母应该学会适时地放手。

曾经有一位母亲这样说过，我的女儿以前非常听话，什么事情都听我们的，可是现在她什么事情都瞒着我们，问她的时候，她还会发小姐脾气。

其实，并不是女孩越长大越不听话，而是年龄的增长让她们有了独立的思想，让她们不愿再拘束于父母的保护伞下。这个时候，父母应该学会关心女儿，理解她们的心情，而不是过分地干涉女儿的自由。

5.爱美是女孩的天性，引导她正确审美

一个有着自己的眼光、拥有自己个性的女孩子，一生都会是美丽的。

自从一个月以前，13 岁的晓晓就开始喜欢穿漂亮的衣服，尤其是爱穿裙子。每天早上，她起床的第一件事就是拿几套裙子反复试穿，直到满意为止。

有时候妈妈也会批评她几句，可是晓晓都这么大了，根本就听不进妈妈的话。晓晓除了裙子还有很多裤子，妈妈为了让她穿其他的衣服，只好跟她讲道理。然而，每次跟她讲道理，晓晓总是说"知道了，知道了"，过后还是一如往常地穿裙子。

最近晓晓越来越"执迷不悟"，有时还会突然冒出一些话："妈妈，你的

口红呢?""妈妈,你的指甲油我怎么找不到?""妈妈,你怎么没画眉毛?"……晓晓的这些爱美习惯,让妈妈都不知如何是好了。不过,晓晓除了在这方面不听话外,平常还是挺乖的!

　　每个女孩都有爱美的天性,尤其进入青春期以后,女孩爱美的天性更是得到了进一步的彰显。这时,如果父母强制进行干预,那么可能会对女孩一生的审美观造成负面的作用。

　　要知道,每个女孩到了青春期这个年龄段,便会对自己的衣着产生浓厚的兴趣,有些女孩子甚至在更早以前就在这方面有了敏感性。对此,很多女孩的父母常常会有这样的抱怨:

　　"哎,我家丫头现在十几岁,可是还梳着个寸头,说话大喊大叫,举手投足也大大咧咧的,比男孩子还像个男孩子。"

　　"我家那姑娘也不让我省心,整天要求我给她买高跟鞋,有时还偷偷地穿着我的高跟鞋满屋子走,怎么说她都不听。"

　　"没错,我家的闺女更过分,现在刚刚上初一,就悄悄地打了耳洞,现在耳朵上已经打了3个了,真是拿她没有办法。"

　　是的,正如父母们所说的这样,迈入青春期的女孩子,会突然对美产生很多的想法,比如有的女孩子喜欢"闪闪"的衣服、有的喜欢穿裙子、有的甚至喜欢另类的装束……

　　有心理学专家说,从青春期开始,女孩子的一生都会处于对美的探索之中。因此,在女孩的这个年龄阶段,假如父母经常粗暴地干涉、阻止、限制,那么女孩的审美发展就会受到一定的抑制;假如父母能对女孩的审美观进行正确地引导、鼓励，那么，女孩在长大以后便会成为一个审美能力很强的现代女性。

那么，作为父母怎样对待这一时期的女孩子呢？

★ 父母应当正确地看待女孩对美的追求

在现实生活中，很多父母对女孩的爱美，有着太多不正确的态度和方法。

有一位母亲悔恨地说道：

我的女儿在 13 岁那年，也不知道她怎么想的，小小的年纪就烫了头发，还染了指甲。我骂过她很多次，可是她固执地认为头发和指甲是女人最重要的装扮，其他的都不重要。任我怎么跟她讲道理都毫不妥协，甚至还会用尖声刺耳的号叫逼迫我。从那以后，我和她每天至少要花半个钟头的时间纠缠在这个问题上。

我也知道爱美是女孩的天性，假如她在 20 岁以后这样做，我根本不会管她。但是，她现在可是刚刚 13 岁，这怎么可以呢？实在没有办法，我只好采用"暴力手段"。我骂她说："你看你，这么小就学做小妖精，长大了还不真得变成个狐狸精？你要是再不把头发和指甲弄回来，就不要再走进家门了。"

听了我的话后，女儿沉默了。后来，我又让她爸爸做她的思想工作，她爸爸的谆谆教诲也基本上是我的思想：如果一个女孩子从小就把注意力集中于外在的修饰上，那么长大后就会成为花瓶，甚至还会变成坏女人。

经过我们的威逼利诱，女儿似乎听懂了，再也没有提头发和指甲的事了。不过，从那以后，女儿尽管没有再烫过头和染过指甲，但是她也没有再露出笑容了。

上面的例子想必很多父母都遇到过，爸爸的严厉体罚、妈妈的思想教育，到了最后却让女孩在头脑中形成这样一种错误的观念：早早烫头发和染指甲的女生长大后一定会成为一个坏女人。

事例中的父母可能当时真的太着急了，不过再怎么着急也不能对女儿的审美形成错误的引导，因为他们所提出的理由根本经不起推敲。爱打扮以后就一定会变坏？爱美以后就一定成不了才？父母们也许不会想到，他们这一次错误的审美教育很可能就此阻断了女孩成为时装设计师、美容专家或者演员的可能。

所以，当你的女儿也出现强烈的爱美倾向时，作为父母的你必须以客观的态度观察孩子的内在需求和个别特质。如果你能理解孩子，尊重孩子，用爱来包容孩子，培养女孩正确的审美观，那么你的女孩在长大以后，一定会成为一个乐观快乐、积极向上的阳光女性。

★ 引导女孩的审美倾向

在一个人的气质里，审美品位是起到重要作用的。那么，要想培养女孩具备较高层次的审美意识，以便让她们在富有个性的审美情趣中建立自尊与自信，应当如何去做呢？

有一位妈妈介绍了自己的秘诀：

我们家的经济条件不怎么好，可是女儿却到了爱美的年龄。一次，她看到周围的同学衣服艳丽，还戴着项链、手镯，心里不免流露出几分羡慕之情。于是，她悄悄地问我："妈妈，假如我把指甲涂成红色，好不好看？"

这时，我开始意识到女儿爱美的阶段到了。可是，假如我只简单地告诉她涂红指甲不好看或者家里的经济条件也不允许，那么这对女儿是极不公平的，而且，强制干涉的态度也会导致孩子形成错误的审美观。

于是，我想了想后，就花了 20 元钱买了 5 公斤的毛线头，这些都是毛衣厂的下脚料。我把这些五颜六色的线头一截截地接好，然后给女儿织了几件衣服。我利用线头颜色的特点，在衣服上精心设计出富有情趣的图案。

后来，女儿穿上这些衣服，平添了几分聪颖、活泼。同学们看到后都羡慕极了，好多家长还都要借她的衣服做样子。

之后，我再问女儿："你同学的项链、手镯好看吗？"她连忙说："好看呀！不过，我是不会要的，戴这些东西像个成熟的女人，不适合我这个年龄！"

是的，处于青春期的女孩有一些错误的审美倾向是十分正常的。比如，认为穿得花里胡哨就是美、戴好多首饰就是美，等等。如果你的女儿也处在这样的时期，那么作为父母的你千万不要粗暴干涉和严格制止。这时候，你应当运用一些方法，适当去转移孩子不正确的审美倾向。就像故事中的妈妈一样，当女儿穿上了人人羡慕、夸赞的漂亮衣服时，她自然会认为自己才是最美的，用不着去效仿他人。

★ 让女儿"创造美丽"

生活中，艺术界的大师们都是凭着个性及创造力才获得了他人的认可。所以，美的最高境界就是拥有自己的个性，不随波逐流。那么，父母应该怎样去做，才能帮助女儿树立正确的审美观呢？

我们为大家提供一个好方法：和女儿共同制作一件专属于她的美丽的衣服。

有一位经常和女儿一起动手创造奇迹的母亲，介绍了自己的经验：我的女儿到了青春期以后，也开始追逐潮流，追逐那种穿得另类、打扮另类的潮流。为此，我十分心急，为了帮助女儿树立正确的审美观，我突然想到了一个办法。

我就对女儿说："女儿，你不是经常看时装表演吗，我们现在也学着那些设计师们，自己动手制作一件世界上最漂亮的衣服怎么样？对了，我对衣服的样式和图案不了解，这些交给你去做，设计完成后妈妈再帮你一起做衣服。我相信这件衣服一定会很棒。"

女儿听我这么一说后，立刻来了兴致，表示赞同。几天后，女儿就拿着一件非常漂亮的裙子草图来找我，上面还有一个小姑娘。接着，我和女儿一起去购买了相关的材料：布料、扣子等。

制作的工作开始了。我和女儿一起动手，画图、剪裁、缝制……整整花了 5 天的时间，终于大功告成。最后，我和女儿细细地欣赏这件漂亮的裙子，而那奇特的效果，简直无法用语言来表达，美得女儿兴奋地紧紧将其抱在怀里，舍不得放手。

女儿穿上了这件衣服后，立刻产生了轰动效应，很多人大加赞赏。而女儿也开始对自己的审美能力越来越自信了，有次甚至还对我说，长大后要当一名优秀的服装设计师。

现在，我们不管这位优秀的小女孩长大后能不能成为服装设计师，但是我们可以肯定地说，这位小女孩长大后，一定会成为一个具有正确审美观的人。显然，这次自己动手设计、制作衣服的经历，不仅会给她的童年留下美好的回忆，还会让她体会到创造美的过程比享受美更令人心醉。

这符合女孩子爱美心理的活动，会让女孩产生对美的兴趣。而在这样的环境中，女孩自然就会形成正确的审美意识，由此增强了她对自己审美能力的自信心，从而树立起正确的审美观。

相信，一个有着自己的眼光、拥有自己个性的女孩子，一生都会是美丽的。

6.面对女孩的早恋不必惊慌

在女孩的青春期，父母要从生活上、情感上多加关心和照顾，让她快乐地成长。

小薇出生在一个条件优裕的家庭，爸爸是私企老板，妈妈是医生。因此她从小就吃穿不愁，手里还有大把的零花钱，成了同学们眼中的"天之骄女"。但因为父母性格不合，在家里总是大吵大闹，除了给她钱，问她考试成绩之外，对她几乎就是放任自流的状态，好在小薇的成绩一直很好。可是，父母的做法让小薇感到非常孤独、非常无助，结果，别的班上的一位阳光般的男孩征服了这个天之骄女的心，小薇陷入了爱情之中。到了初三，忽然有一天，小薇的男朋友对她说，谈恋爱太影响学习了，我要考重点高中，于是向小薇提出了分手。骤然之间，小薇的世界崩塌了，甚至觉得自己的整个生活都变得灰蒙蒙的，学习成绩也有了大幅的下降。

女孩子早恋是一个不容忽视的问题，也是父母非常关注却又很难解决的问题。

　　早恋对于学习的危害尽人皆知，无须赘述。事实上，早恋会对学习造成影响只是早恋危害的一个方面，并且是最小的一个方面。此外，早恋还很容易使女孩的生理发育受到影响。孩子在初中时期，人格还未完全形成，情绪较不稳定。一旦在恋爱中产生矛盾，心理不成熟、脆弱且耐受力差的青春期女孩会很容易在情感波折中受到伤害。与此同时，人的情绪状态会影响内分泌，早恋的女孩常把握不住自己的情感，起伏波动大，易产生一些莫名的烦恼，导致精神不佳、心悸、头痛、失眠等，从而影响身体健康发育。有的女孩甚至会因早恋受挫而怀疑人生，给自己的感情生活投下阴影，乃至影响以后的婚姻生活。

　　更重要的是，孩子年纪还小，性知识很少，导致早恋者容易出现性过失。由于青春期的孩子容易冲动，并且自我控制力差，所以很容易因一时冲动而发生性行为，一旦出现越轨行为甚至未婚先孕，会让女孩从此担惊受怕。就算当时不觉得怎样，日后给她们造成的挫折感、自卑感是无法用语言来形容的，而这无疑会对女孩的生理和心理健康造成极大的影响，甚至对女孩的一生造成难以弥补的创伤。

　　正是因为这样，作为父母的我们在面对早恋的女孩时，教育方法要特别耐心细致，千万不能责骂不休，以免让她产生逆反情绪从而做出极端的事来。

　　那么，父母应当如何来做呢？

　　★ 要让女孩感受到足够的爱与关心

　　进入青春期的女孩，心理会产生很大的变化，这时很多女孩为了得到友情或关怀，会有早恋这样的行为。她们有着很多的痛苦和压力，没有办法与父母交流，因此才找另外一个人去宣泄。所以，女孩找的这个男朋友，实际上是在补偿父母应当承担的部分功能。正如下面事例中的小洁，父母给不了她的，那个男孩子都在替他们做，给小洁一点安慰、一点快乐、一些放松，释放小洁的压力。

　　小洁在一所重点高中读高二，今年 17 岁，学习成绩在班里数一数二。可是前不久，爸爸妈妈发现她居然逃学了，并且还从老师那里知道小洁约了班上的一个男生去北京玩了。

　　5 天后，小洁回了家。爸爸看她回来，气愤地第一次打了她，希望她能吸取教训。没想到，小洁虽然意识到自己错了，也和那个男生提出了分手，但是她的心思已经不在学习上了，最后向父母提出了休学。

　　父母为了让小洁重返校园，就向心理专家求助。在专家的讲解下，爸爸妈妈这时才明白，小洁之所以找男朋友，是因为"男朋友能为自己带来快乐"，并且小洁自己也表示"和爸爸妈妈的沟通很少，甚至不想和他们沟通"。听了心理专家的话，爸爸妈妈这才发现，这么长时间以来他们一直看重小洁的学习问题，对亲子关系与情感的培养忽略了。

　　所以，让女孩感受到家庭的温暖和爱，是非常重要的。当然，这并不是说作为父母的要整天对女儿说"我爱你，我喜欢你"，而是说父母对女儿的爱，应当从小就开始建立。并且在女孩进入青春期后，我们更要主动地了解与把握女孩内心的变化，可以从生活上、情感上多加关心，以便她在亲人的感情世界里开心快乐。

　　★ 在女孩的成长过程中，爸爸要承担相关的责任

　　有情感专家表示，女孩最初对于异性的看法来自于爸爸。因此，爸爸应当教育女孩如何来看待对异性的好感，也应当告诉女孩如何对待来自异性的"表示"。

　　一般来说，父亲对女儿的早恋有着很大的关系。对女孩来说，如果在小

的时候就跟爸爸的关系特别好，在年幼时就会对爸爸形成一种依恋。那么在她的成长过程中，便会对爸爸无话不说、无话不谈，有什么样的想法都会与爸爸分享；而对爸爸来说，如果在女儿 5 岁前没有与她形成这种亲密感、信赖感的话，往往会在所谓正确教育孩子的面具下把女儿推得很远。为此，女孩感受不到来自爸爸的爱，就会对爸爸产生距离感，从而缺乏信任，很有可能会找其他异性来替代。

现实生活中，很多家庭认为教育女儿是妈妈的事，爸爸则管教甚少。殊不知，这是一种错误的想法。要知道，女孩到了青春期，爸爸的教导非常重要。因此，爸爸务必以身作则，教给女儿一些与异性交往的技巧。事实上，那些与爸爸关系好的女孩，会在她青春懵懂的时候，下意识地将爸爸的一些价值观藏在自己的心里。比如，爸爸说女孩如果早谈恋爱便会伤害自己、影响学习。如此，女孩便会无意识地记住爸爸的这种价值观，由此早恋的行为就会相对减小，甚至化解。

★ 利用情景向女孩渗透观点

父母可以利用电视、报刊及生活中的情景，自然、恰当地引导女儿，还可以通过讲述发生在朋友或同事孩子身上的故事来影响女孩。简单来说，就是遇到这样的问题时，不要正面向女孩发难，而要旁敲侧击，利用各种情景向女孩渗透正确的观点，从而让女孩意识到早恋的害处。

嘉欣今年读初二，不知从什么时候起，开始喜欢跟成绩差的同学交往，并经常躲起来不停地发短信、上网，这很是让爸爸妈妈担心。为此，爸爸妈妈商量了很久，决定用特殊的方式来提醒嘉欣。

这天，学校又开家长会了，爸爸开完会回到家里后，用特别轻松的口气对嘉欣说："今天，你们老师说班里有人在谈恋爱，这是真的吗？"嘉欣说：

"嗯，就是婷婷和隔壁班的一个男生在谈。对了，那个男生长得还挺帅的。"

"哦，真的？你知道有多长时间了吗？""我也不太清楚，大约一个月吧。"爸爸听后，笑了一下道："哦，估计也长不了。对了，你们现在年纪还小，以后随着年龄和阅历的增长，对异性的要求和现在肯定不一样。假如现在就把目标定死，那不等于把以后的自己限制了吗？"

嘉欣听后，若有所思地点了点头。此后，爸爸看报纸或电视的时候，每当遇到这样的情节，便会拿出来和嘉欣交流。慢慢地，爸爸注意到嘉欣躲起来做"小动作"的时间越来越少了。

这天，爸爸随口问起婷婷的事，嘉欣很不在意地说他们早就分手了，因为婷婷觉得那个男生没有上进心。最后，嘉欣还说了句："爸爸，你说得对，人是会变的。"

还有，父母可以用其他事物来转移女儿的注意力。如可以买些适合青少年阅读的青春期科普读物，让女孩自己看，并且告诉她一些安全知识，让她学会保护自己。同时，还可以鼓励女儿学摄影、绘画、弹琴等，让女儿的注意力、兴奋点转移，以此来解决女儿的早恋问题。

7.远离自卑，帮女孩驱散青春期的阴影

青春期的女孩自我意识和自尊心很强烈，父母要给予细心的呵护。

初中女生雨欣最近有一种想法——她想去韩国整容。其实，雨欣生出这个想法已经很长时间了，只不过之前只是心里的一个模糊的影子，但是随着时间的推移，这种想法越来越强烈了。

雨欣想去韩国整容的想法不是毫无来由凭空生出来的。小学五年级时，她就发现自己的头发跟同学相比简直又黄又少，于是她就恳求妈妈给她买有护发生发功能的洗发水。

等上了初一，她又觉得自己的牙齿不够漂亮，不够整齐，于是让妈妈带她去医院矫正牙齿。牙齿还没矫正完，雨欣又觉得自己长得黑，于是开始每天晚上跟妈妈一起做美白面膜。面膜做了没几天，雨欣开始长痘痘了，脸上不断生出的青春痘让雨欣烦死了，如果不是妈妈告诉她把痘痘挤掉脸上会留下疤痕，雨欣恨不得在第一时间就把它们全都消灭。

后来，雨欣又发现自己的个头要比同学们矮，拼命地缠着妈妈让她给自己买高跟鞋，妈妈觉得女儿这么小就穿高跟鞋会对生长发育不利，就断然拒绝了她的请求。

这一次，雨欣实在忍无可忍了，向妈妈倾诉道："妈妈，我是不是生理上有什么缺陷啊，你们肯定是生我的时候没查出来，要不然怎么可能我头发

比同学少，个子比同学矮，长得比同学黑，脸上还长难看的痘痘？同学们都
瞧不起我，我快要活不下去了！你们送我去韩国整容吧！听说到了韩国一做
手术，这些问题全都能解决！"

　　当女孩进入青春期，强烈的自我意识和自尊心使她们对于自己生理上的
不完美更加关注，同时也极其敏感。很多女孩甚至认为这些因素决定着自己
在同龄人中的形象和声望。因此，那些身材较矮、较胖或较瘦，皮肤太黑，
长有青春痘、面貌不佳的女孩就很容易像雨欣那样产生这方面的忧思。而那
些患有口吃、身带残疾、长有胎记等真正拥有生理缺陷的女孩，更是会痛苦
地认为自己的前途已经是一片灰暗，从而产生深深的自卑心理，进而变得更
加脆弱和敏感。因此，正确认识和看待初中生的某些生理方面的不足，如肥
胖、青春痘、个子矮、胸平、胎记等，对提高青春期女孩的心理健康程度、
培养青春期女孩积极健康的心态具有重要意义。

　　刚刚进入青春期的女孩，在生理上，一切还都不成熟、不稳定，但同时，
她们体内性激素分泌明显增多，人体第二性征开始发育，那些性激素分泌较
多的孩子还可能长出青春痘；也是在这一阶段，孩子开始快速长高，但有的
孩子开始得早，有的孩子开始得相对较晚，于是在初中时期就会有同龄孩子
之间身高差异极其明显的现象出现，导致发育较晚的孩子产生自卑心理；有
些女孩子甚至会因为自己的胸部发育不丰满而觉得自己没有"女人味儿"。而
这些实际上都属于非常正常的情况，一旦孩子完全发育成熟之后，人与人之
间的差异就不是很大了。

　　事实上，青春期女孩对于自己生理方面不足的忧思是一个很容易被家长
们所忽视的问题，而在女孩的内心深处，这些问题却是异常重要的，甚至会
因为这方面的问题而精神不振，整日愁眉苦脸，进而影响到孩子的身心健康。

★ 帮助孩子正确认识和评价自己

如果生理方面的问题对女儿造成了困扰，那么家长可以引导女儿从另外一个角度看待这些问题，帮助女儿正确认识和评价自己。例如，我们可以告诉女儿："长青春痘说明你的身体开始发育了，一旦发育成熟之后就会自然消失，所以完全不需要担心。况且现在科技这么发达，研究了很多治疗青春痘的药品和用品，还怕治不了它？其实啊，你越是重视它，它给你带来的烦恼就越多。"

如果女儿嫌自己的个头太矮，家长便可以这样引导孩子："现在矮一点根本不是问题，俗话说'二十三蹿一蹿'，说不定你到 23 岁的时候还会猛长呢！我跟你说，发育太早的往往长不了多高，你虽然现在比她们矮，说不定以后很快就可以超过她们了！"

总而言之，家长需要让女儿懂得"金无足赤，人无完人"，任何人都不是完美的，任何人都有自己的缺点，只是有的缺陷暴露在外面，有的隐藏在里面，有的表现得早，有的表现得晚罢了。

★ 用亲情化解女孩的忧思

当女孩对自己的生理方面感到不满的时候，她们往往会拿着放大镜看自己的缺点，拿着缩小镜看自己的优点，这样一来，她们就会觉得自己一无是处，没有一点价值，觉得全世界的人都不喜欢自己，甚至产生轻生的想法。针对这一问题，家长可以用亲情来化解女儿的忧思，让女儿健康快乐地成长。

我们不妨这样告诉女儿："你是我们的希望和骄傲，是我们生活的动力，无论你在别人的眼中是怎么样的，在我们的眼中，你永远都是最漂亮的，是天上最美丽、最耀眼的星星。你是世界上独一无二的，世界上过去没有，现在没有，将来也没有一个和你一样的人，爸爸妈妈会永远爱你，永远不会嫌弃你。"

★ 帮助孩子发现自己的优点

一个人要想让别人喜欢自己，首先自己得喜欢自己。生活中，每个人都有不同的能力、才干、特长和喜好，而千姿百态的社会也需要不同类型的人。当女孩为自己生理方面的不足而苦恼时，家长要做的就是帮助女儿发现自己的优点，夸奖女儿，让自信重新回到女儿身上。

8.耐心陪她度过叛逆期

青春期的女孩儿向往自由和独立，父母手中的线要适当地放一放。

文心今年读初二，在老师们的眼里，她可是个不折不扣的"问题学生"。一次，文心在物理课上捣乱，物理老师对她说了一些比较过激的话，文心从此再也不听物理课了，一上课就睡觉，课堂练习和课后作业也不去完成了。

班主任老师和教导主任曾不止一次地找文心谈心，对她进行批评教育，可是文心非但拒不承认错误，竟然还振振有词，态度非常恶劣。文心的父亲长期在外地工作，她和母亲一起生活，母亲工作也很忙，不过对文心要求特别严格，说一不二。在教育孩子时，文心的母亲采取的策略就是无休止的说教，缺乏对文心的关心和理解。文心小时候不敢顶嘴，现在一听到母亲唠叨就发脾气，甚至现在一回家直接把自己关进房间，连个招呼都不打。问她问题，她要么装听不见，要么就用"是"或"不是"随口敷衍，多问几句学习上的情况，她就不高兴地大声嚷嚷："你有完没完？烦不烦啊！"不仅仅是老师和母亲，谁的话她都听不进去。总之一句话，你越不让我这么做，我就偏要这么做。

　　文心的种种表现是典型的青春期叛逆心理。青春期女孩身体的快速生长发育打破了其儿童时原有的自我形象，建立并适应全新的自我形象是青春期女孩面临的一个挑战。因此，孩子的青少年期又被称为"自我的第二次诞生和自我的发现时期"，这是每个孩子一生中都一定要经历的一个时期。

　　青春期女孩的叛逆心理包括行动和感觉两方面。行动上，比如家长越是强调横穿马路的危险性，她就越是在汽车的缝隙间穿来穿去；感觉上则表现为孩子的愤怒、惧怕、害羞、不合作等。这是因为处于青春期的女孩视野更开阔了，自主意识更强了，所以也就不再像小时候那样时时处处听从家长的命令了。她们已经有了自己评判事物的标准和看待问题的特有角度。这些特有的标准和角度能够在同龄人之间心领神会，但在一些家长的眼里却是混沌一片，不知做何解释。一些家长渴望明白个究竟，随时随地都想监控自己的女儿，而女儿却又随时随地想摆脱家长的监控。

　　其实，青春期女孩这种与家长和老师对着干的叛逆表现，正是女孩的情绪和性格即将进入一个较稳定时期的前奏。换句话说，青春期女孩的叛逆心理是她进一步成长的信号。了解了这一点，做父母的就不会一味地埋怨女儿总是不听话跟自己对着干了。

　　青春期女孩有了叛逆心理，经常是你要我这样，我偏不这样，反而要那样。这种情形无疑会让家长感到十分恼火，家长越恼火就越容易简单粗暴地训斥孩子，但这样做非但无法影响女孩的想法，反而会更加助长她们的反感情绪，加剧她们的叛逆心理。如果家长不能正确理解、谅解青春期女孩的逆反心理，她们就很容易进一步发展为逃学、离家出走，甚至走上犯罪的道路。因此，家长对青春期女孩的逆反心理切不可粗心大意、听之任之。

逆反心理会蒙蔽青春期女孩的双眼，让她们无法正确判断事物，个性变得固执不讲理，这不仅会影响到她们生活能力的发展，而且也使她们越发经不起生活中的考验和挫折。毫无疑问，这对女孩的健康成长是有百害而无一利的。那么，如果女孩有了事事与家长对着干的叛逆倾向，家长应该怎样纠正她们的这一坏毛病呢？

★ 以正确的方法关心和爱护女孩

现在的女孩，绝大多数都是独生女，个个都是父母的心头肉，但父母教育女儿同样需要讲究方式和手段。作为家长，我们对女儿的关爱，不应只局限于物质享受方面，做女儿的保姆和厨师。我们更应该注意的是女儿心态上的变化，在正确的教育观念的指导下来教育女儿。

比如，家长可以为女儿创造机会，让她们多与同伴交往，提高社交技能，从而养成良好的品格。或是让女孩适当地去接触社会，参与劳动，打破家庭封闭之门，让她们了解事情并不总是像想象中那样，从而学会从多角度考虑问题，这才是父母爱护女儿的正确方式。当青春期女孩由于叛逆心理而与家长对着干时，家长还可以利用周围的环境，设法转移女孩的注意力，让她们被一些新鲜事物所吸引，从而将逆反心理消解于无形。

★ 给予女孩足够的理解和宽容

面对青春期女孩硬要和家长对着干的逆反心理，我们要尽可能地避免用自己的权威来强行压制她们。事实上，父母越压制，她们想要证明自己的欲望就会越强烈，就越叛逆，越要和父母对着干。这显然是于事无补的。

倘若女孩最终因承受不住父母的压力在反抗中落败，一同放弃的将是她们的独立意愿和独立能力。如此"听话"的孩子，错过了塑造独立人格的最佳时期，成年后无论工作还是生活中都会缺乏独立思考和独立做事的能力。而这，同样也是家长们所不愿意看到的。因此，在面对青春期女孩的叛逆心理时，家长们决不能采取"暴力镇压"的手段，而是应该最大限度地给予女孩理解和宽容，以此来化解她们的逆反心理。

★ 亲子间展开"平等沟通"

沟通是解决女孩身上出现的诸多青春期问题的最有效方式。但是，要想解决问题，家长和孩子之间的沟通就必须建立在双方平等的基础上。比如，家长可以以朋友的身份与女儿进行"平等沟通"。"平等沟通"是指家长与女儿一边一起做些普通活动一边交谈，重点放在活动上，而不是谈话的内容上，双方也不必互相看着对方。比如，家长可以和女儿一起收拾屋子，并且在收拾屋子的同时进行沟通。

这种非面对面的沟通方式会让家长和女儿都感到轻松自在，冲淡双方之间的对立气氛，因此，往往能引起女孩的热烈回应，也不容易激起她们的叛逆心理。至于谈话内容，家长可以和女孩谈一些关于学习的方法、处世的智慧、做人的道理等方面的问题。

★ 鼓励女孩探索新事物

每个处在青春期中的女孩都向往自由和独立，对新鲜事物充满了好奇，而这一特点对于女孩的健康成长是非常有益的。因此，对于女孩探索新生事物的努力，只要是无害的，父母都应该尽己所能给予支持，让她们在探索的过程中认识生活，积累经验。比如，女孩对文学产生了浓厚的兴趣，经常在课余时间阅读文学作品，这时，家长切不可以耽误学习为由扼杀她们的积极性，而是要鼓励她们探索新的事物。这样一来，女孩的心思有了归属，也就不会再因为叛逆心理而主动去和家长对着干了。

细节 11 | 自卫：如何教出远离危险、正确自卫的女孩

父母除了给予孩子道德、品行、
学习等方面的教育之外，
对其进行安全教育也是必不可少的。
女孩相对男孩要脆弱一些，只有让她学会了
如何保护自己，在未来的人生道路上才能走得更加
顺利和长远。所以在女儿还未踏入社会时，
父母就要有意识地强化女孩的安全意识，
教会她们怎样抵御外界的诱惑，保护自己不受伤害。

1. 女孩不是"绵羊"

勇敢的女孩不被人欺。

晚上放学后，初二（1）班的班主任张老师正在办公室里备课，忽然，班上的一大群女生敲开了办公室的门，来向她们的班主任张老师告状。

这群女生是由班上的学习委员何竹寒和生活委员许怡所带领的。何竹寒见到张老师的第一句话就是："张老师，男生总是欺负我们，讨厌死了！"其他女生也七嘴八舌地向张老师描述着男生欺负她们的"罪状"。办公室里一时间乱成一团。

张老师见状，赶忙打断女生们的话，说道："别急，别急，一个个地说，让我听听男生怎么欺负你们了。你们吵得这样乱，我一个字也听不清啊！何竹寒，你先说。"

何竹寒说："有一次，我下课去上厕所，等我回来的时候一打开笔袋，里边竟然有一条那么大的毛毛虫！吓得我'哎呀'一声大叫，那些讨厌的男生呢，竟然还凑在一起拼命地笑，肯定是他们干的！而且他们还经常趁我们不注意的时候拉我们的头发，可讨厌了！"

何竹寒刚说完，许怡马上接过话头接着说："张老师，那些讨厌的男生还总是给我们起不好听的外号，您知道他们叫张靓什么吗？叫'蟑螂'！您说他们多讨厌。而且到了夏天，我们都不敢穿裙子，因为男生总是在后面掀我们的裙子，多烦人啊！"

如今的学校里，男孩欺负女孩的情形并不少见。对于男孩们来说，他们总是喜欢将女孩尤其是那些比较文弱内向的女孩当作捉弄和招惹的对象，用女孩害怕的东西来吓唬她们，或是给她们起一些侮辱性的外号，等等。而那些常常遭到男孩欺负的女孩则有一个共同的特点，那就是每次遭到欺负时，她们多半表现得较为懦弱，虽然心里很生气，但却始终不敢发怒也不敢还击，生怕一旦还击之后遭到男孩更加出格的报复。长此以往，那些常受欺负的女孩的内心当中会变得相当压抑，进而导致人格扭曲，在成长的过程中留下阴影，严重的甚至会影响成年后的生活。

对那些在体力或情感上较自己弱小的人表示敌意或进攻性的行为，就是我们平常所说的欺负人，其结果会导致受害者痛苦和忧愁。国外的权威教育专家将十几岁的孩子欺负人的行为概括为以下几种形式。

1.肉体上的欺负：主要表现有踢、打、掐、咬、揪头发和威胁。例如，"将东西交出来，否则就揍你"等。

2. 语言上的欺负：常常与肉体上的欺负同时出现。包括骂人、散布谣言、嘲弄、起侮辱性的绰号等。

3. 情感上的欺负：不让其他人跟受欺负的孩子在一起，导致受欺负的孩子更加孤独。

4. 性欺负：男孩喜欢偷袭女孩胸部以及掀女孩裙子都是典型的性欺负。

那么，为什么男孩总是喜欢欺负女孩，女孩又是怎样被男孩欺负住的呢？

首先，青春期的到来让男孩们变得更加精力充沛，同时也对异性更加感兴趣。一方面，处心积虑地欺负女孩可以让男孩们过剩的精力得以宣泄；另一方面，女孩在被欺负之后的脸红、发怒等表现也可以激发他们的成就感，让他们觉得自己是个真正的男子汉。与此同时，性发育的逐渐成熟让男孩们对与他们看起来完全不同的女孩感到十分好奇，而且从内心深处想要引起女孩们的注意，这也是男孩喜欢欺负女孩的原因之一。

其次，女孩的家长大多喜欢教育自己的女儿要文静，要做淑女，不能整天像男孩那样"疯疯癫癫"的，要有个女孩样。因此，女孩们在这样的教育之下就会在一定程度上变得忍让甚至懦弱，这也助长了男孩欺负女孩的气焰。与此同时，一旦女孩因为矜持或是胆怯而没有对男孩的欺负行为作出有效的还击，那么男孩就会从中获得快感和成就感，并且觉得女孩特别好欺负，于是变得得寸进尺，变本加厉。

女孩被男孩欺负的问题可轻可重，有可能过不了多久事情就平息了，也有可能会在女孩的心里留下一辈子也抹不去的伤痕。因此，虽然说同龄人之间的打闹嬉戏是非常正常的一种情况，但是，如果女孩的性格比较内向，并不善于调节自己的情绪，或是遭到了男孩比较严重的欺负时，家长们还是应当采取一定的措施来保证女儿不会在人际交往当中受到伤害。

★ 转变观念，女孩不是任人欺负的小绵羊

在现代社会，古代的那种束缚女性的三从四德的思想早已经过时了。现代的优秀女性应当在性格上温婉，在内心中坚强。因此，家长们在教育自己的女儿的时候也就不应当一味地让女儿学着做什么"淑女"，反而应当教育女儿一旦遭到了别人的欺负，就应当勇敢地反击回去，做一个勇敢坚强的女孩。与此同时，家长还可以在女儿的业余时间送女儿去学习跆拳道或者女子防身术，因为女性在身体上毕竟处于弱势，学习一些保护自己的技巧不仅可以让女儿免受男孩的欺负，更可以让女儿一生都从中受益。

★ 鼓励女儿用还击的方式应对男孩的欺负行为

当女儿遭到了男孩的欺负时，家长们就应当教会自己的女儿勇敢地予以还击。比如当男孩给女孩起侮辱性的外号时，女孩就可以说："你这样说有什么意思？我不会理睬你的！"当男孩故意找茬时，女孩可以说："我知道你是故意的，我可不是好欺负的！"反击行动不仅仅局限在语言上，行为上的反击有时候更能对那些爱欺负人的男孩起到敲山震虎的效果，让他们今后不敢再轻举妄动。比方说，当调皮的男孩拉了女孩的头发，女孩就可以直接走到这个男孩的座位旁，拿起他的书包，将里面的东西全都倒在地上，如果能发出比较大的响声就更好了。这样做的目的就是让全班的人都知道，我虽然是女孩，但绝不是一个好欺负的人。男孩欺负女孩多半是为了取乐，如果看到被欺负的女孩如此勇敢，男孩也就不敢再欺负她了。

2.安全教育必不可少

时刻把安全意识放在心上，一生才能平安幸福。

4岁的佳佳是个活泼可爱的小女孩。平时，爸爸妈妈上班，佳佳上幼儿园，爸爸妈妈下班之后，再把佳佳接回家。正是由于佳佳绝大多数时间都待在幼儿园里，佳佳的爸妈才忽视了对女儿的安全意识的培养。结果，佳佳险些酿成大祸。

到了夏天，佳佳放暑假了。佳佳的爸妈工作很忙，没时间带她，又不放心把她一个人留在家里，就把佳佳送到奶奶家去了。4岁的孩子好奇心是最旺盛的。佳佳见奶奶中午用火柴点燃煤气灶做饭，便对那一根根的可以生火的小木棍产生了兴趣。于是，她趁着奶奶午睡的时候，偷偷来到厨房，拿到了这件好玩的玩具。结果，毫无安全意识的佳佳不慎用火柴点燃了垃圾桶中的废纸，火苗"腾"地一下蹿起老高，佳佳吓了一跳，放声大哭。幸亏佳佳的哭声惊醒了奶奶，及时扑灭了垃圾桶中的火焰，否则，后果真的是不堪设想。

都说男孩天生的好奇心就强，殊不知女孩也是一样，家里的任何东西她都想玩一下。但是由于女孩年纪小、生活经验少，对一些可能存在危险的物品认识不足。为了让女孩远离危险，健康成长，父母对她进行家庭安全教育是非常有必要的。

很多父母认为，家是最安全的地方。但是据专家统计，全世界每年发生的儿童意外事故中，大约有 200 万起是由于家中的危险物品造成的。这些事故虽然是意外，看似无法避免，但是事实上，如果能使用保护儿童安全的产品，教会女孩自我保护的方法，其中大部分事故完全是可以避免的。

有的父母认为，自己的家"固若金汤"，已经非常安全，不需要再有什么改变了。其实不然，因为随着时间以及女孩的成长变化，每个家的环境都会改变。所以，父母除了要经常检查自家的"安全防护"措施，还应当经常对女孩进行家庭的安全教育，让女儿能够安全、快乐地成长。

那么，作为父母应当怎样进行家庭的安全教育呢？

★ 教导女孩用电常识

随着科学技术的突飞猛进，很多新颖的家用电器随之进入了家庭。这些电器虽然给我们的生活带来了便利与快乐，但是，这些设备都离不开电，而电却是冷酷无情的。因此，父母非常有必要教会女儿安全使用电器，教会她正确的用电知识，以保证她的安全。比如：告诉女儿不能用湿手去插、拔电源插头；不能拿铁棒、铜丝等金属物件去捅电源插座的孔眼；不要在通电的情况下随便用手去触摸机器的内部；不要随意拆开电器等。另外，家用电器一般都是有安全保护装置的，但是使用时间长了也可能漏电，因此父母一定要定时地检修或更换。

相信很多父母在幼年时或多或少也犯过如上的同类错误，甚至有的还因此造成了终生遗憾。为此，对女孩进行安全用电常识的教育是很有必要的。

★ 让女孩学会使用煤气

在生活中，常常发生煤气泄漏或者因煤气泄漏引发的火灾和爆炸。因此，父母要教会女孩煤气灶的使用方法，并监督她进行实际操作。并且，父母还要告诉女孩，当她一个人在家里觉得不舒服时，不管是什么原因，一定要先打开门窗，然后再去检查煤气阀门是否关紧。也可以给小区保安、爸爸妈妈打电话，让他们来看看，而且在这过程中千万不能使用打火机等明火。

★ 教会女孩应对漏水的方法

很多家庭都有过漏水的情况发生。家里漏水不仅会毁坏物品，还有可能出现漏电现象，极易发生触电和火灾事故。而家里漏水一般有 3 个原因：水龙头忘关了、水龙头坏了、水管破裂。因此，父母在平时要告诉女孩水源的总开关在哪里，并教她一些简单的处理方法。

★ 教会女孩防止和应对火灾的方法

火灾不容小觑，因此父母要告诉女儿：一个人在家里时，打火机、火柴等不能随意玩，并且煤气灶和火炉也要严格按操作规程使用。假如你的女孩过于贪玩，那么要让她每次烧饭、烧水时定好闹钟。

平时家里还应当备置一些灭火器材，父母要教会女孩怎样使用它们。这样，一旦有火情发生，女孩便会用灭火器正确地扑灭。还应当告诉女孩，假如火情蔓延时，要先切断电源，关闭煤气阀门，然后打开门窗高喊"救火"，或者拨打 119 报警，同时要及时撤离。

★ 让女孩学会厨房的安全知识

在很多家庭，厨房是女孩的禁地，因为这里常有意外发生，如打破碗、弄掉刀具、闻到煤气味等。不过，厨房通常也是培养女孩独自解决问题、提高自我保护意识的最佳地点。为此，父母可以带女孩进去，教会她各种器具的用途以及危险所在，并告诉她为什么有些东西小孩不能用而只有大人才能用。

★ 教女孩记牢一些紧急电话号码

如今，很多的家庭都疏于教女孩记住一些紧急电话号码。比如，警察110、火警119、急救中心120等，要知道，这些电话可能在出现意外时起到至关重要的作用。

综上所述，父母在细心培养女孩时，要注意掌握一些教育的方法，从而能培养女孩的安全意识、安全行为及自我保护能力。如此，女孩学会这些方法后，才能防止一些意外事故的发生，从而让女孩的一生都平安幸福。

3.让女孩上下学途中有保障

父母必须要教给女孩一些安全常识，让她能够安全地回家。

丽丽的家离学校有一段路程，每天她上下学，都要花上半个多小时。不过，学校和家之间还有另外一条小路，这条小路走的人很少，但是如果从这里走，就可以节省10分钟的时间。因此，丽丽上学和放学时，都会从这条小路走。

在一个夏天的晚上，丽丽因为打扫卫生晚了一点回家。当时，丽丽在走这条小路回家时，突然从路边蹿出一个人来。这个人捂住丽丽的嘴，想要把丽丽掳走。就在这时，远处传来了警车的警笛声。这罪犯一紧张，手松开了丽丽，丽丽趁机便向大路跑去，一边跑一边呼救。丽丽的呼喊声引起了路人的注意，有位好心的人就将她送回了家。不过，这件事却深深地烙在了丽丽的心中。

在现实生活中，很多女孩外出时都会有人陪伴：上下学有父母接送；去商场有父母领着。但是，有时候也会有一些意外出现，比如：父母有事不能接女孩，女孩在商场和父母走失等，这时女孩需要一个人回家。假如遇到类似的情况，女孩的安全是最为重要的。因此，在平时的生活中，父母必须要教给女孩一些安全常识，让她能够安全地回家。

女孩能安全地回家，这是每个父母的心愿。我们经常会在报纸和电视中看到一些女孩走失的新闻，假如这些女孩的父母能够大部分时间和她们待在一起，这种情况是不会出现的。但是，凡事都有意外，所以防范大于一切。而且，女孩早晚都要长大的，父母不可能总是在她们的身边保护她们。因此，让她们学会独立解决问题，让她们有安全防范意识和应对危险的方法，是至关重要的。

那么，父母应该怎样做呢？

★ 让女孩知道走失之后该怎么办

在生活中，父母带女孩逛商场、去公园、外出游玩等，常常会出现孩子走失的现象：在熙熙攘攘的超市，女儿看到有自己喜欢的物品，于是跑过去把玩。可是，等女儿把玩后再想找妈妈时，发现妈妈不在身边……

类似的事情还有很多，为了避免这种事情发生，父母要照顾好女孩，尽量不要让她离开自己的身边，即使在人少的地方，也尽可能地不让女孩脱离自己的视线。同时，父母还应当告诫女孩不要单独走开。不过，凡事都有万一，因此，父母很有必要让女孩知道走失后该怎么办。

平时，父母要让女孩记住父母的姓名、家人的电话以及家庭住址。父母还可以把自己的姓名和家庭地址写在纸条上，放到女孩的口袋中。这样，即使发生意外，女孩也可以在好心人的帮助下平安地回到家中。但是要让女孩知道，这纸条只能给警察等信得过的人看，千万不能乱找人。

另外，父母还有必要让女孩学会认路和辨别方向，知道距家最近的公交站名。而教女孩记住回家的路，是非常重要的。因此，父母带女孩出门的时候，要有意识地让她记住自己家附近的路名、路上的主要标志等。平时，可以多问问她、考考她这些，可以在快到家的时候或到了熟悉的地方的时候，让女孩在前面带路。如此，一旦发生女孩走失的情况，那么，她也可以凭着自己的能力找到回家的路。

★ 把一些交通安全知识教给女孩

女孩小的时候需要家长接送，可是稍大一些后，就不需要家长接送了。这时，让她学会交通安全的知识至关重要。要知道，父母教给女孩交通安全的知识，可以增加她回家的安全系数，否则，意外的情况是谁都无法预见的。

今天，轮到了雅丽做值日，等她做完值日离开校园的时候，学生已经走的差不多了。校外有一个十字路口，这是雅丽的必经之处。在通过十字路口时，雅丽知道要看红绿灯。如果是红灯，她便会很耐心地等在斑马线外；但是等到绿灯后，她就比较心急了，也不看看左右两边有没有车子，就很快地冲到马路对面。这次，雅丽还是如往常一般，可是这次她没有那么走运了，差点被一辆转弯的摩托车撞上。雅丽吓得脸色苍白，心都快跳出了胸膛，回到家后她还心有余悸。

因此，为了让女孩能够平安地回家，父母就要通过各种方法教给她一些交通安全知识。比如：通过看交通图，让女孩学习和认识交通警示标志、交通禁止标志；带女孩出门时，可以引导她感知日常生活中行走、过马路、乘车时如何注意安全等问题；也可以在家中贴一些类似"交通安全，从我做起"、"让道于人，安全于己"的交通安全标语。这样，不仅能让女孩掌握更多的交通安全知识，还可以增强她的安全意识。

★ 让女孩有对付坏人的办法

日常生活中，我们偶尔会遇到一些图谋不轨的坏人，在女孩放学后尾随着她，这对女孩来说是非常危险的。

朱玲今天放学后，发现爸爸没有来接自己，于是想锻炼一下自己：反正家离学校也不远，爸爸天天说要有独立性，这次我就一个人回家让他看看。于是，朱玲很自信地一个人走了。朱玲边走边玩，这时有个中年男人跟着她走走停停。等进了小区，中年男人主动地凑近朱玲，对她说自己也住在这个小区，然后问朱玲家在几号几室。正当朱玲不知所措时，有个邻居路过，把她带回了家。

因此，父母在平时要告诉女孩，独自一个人回家时，如果发现有成年人在后面跟着自己，那么一定要想办法甩掉他。简单的方法就是找到最近的十字路口，向正在执勤的警察叔叔问个路，或者直接说有个坏人跟着自己。假如坏人胁迫女孩跟他走，那么就需要一边大喊一边跑向人多的地方。

★ 告诉女孩别走偏僻的小路

曾经有个学校对 100 名学生做过"关于学生上学、放学途中的交通安全"的调查，结果显示，有一半的学生为了省时间而选择走偏僻的小道。在生活中，有很多的女孩上学、放学时都喜欢走偏僻的小路，认为这样可以省时间，也可以看到别样的风景，殊不知，危险正潜伏在这里，随时都可能降临到女孩的身上。

因此，在平日里，父母要经常对女孩说，独自走偏僻的小路是有危险的，并举一些现实中发生的案例，这样可以加深女孩的印象。

4.解开"不要随便和陌生人说话"的咒语

面对陌生人，不用躲避，不用畏缩。

满满在户外玩的时候，突然一个陌生人走了过来："小朋友，我和你爸爸是好朋友，他在动物园等我们呢，我们一起去看大象。"满满天真地点点头。

正当陌生人想抱满满的时候，满满的妈妈正好走了出来，一看有人要抱女儿，于是就大喊道："满满，你在做什么啊？赶快过来，爸爸在家等你吃饭呢。"满满赶紧挣开了陌生人的手，跑到了妈妈身边："爸爸不是在动物园等我吗?"

生活中，父母都会跟女孩说这样一句话："不要随便跟陌生人说话。"其实，这句话已经成为一句咒语，一句随时让父母提心吊胆、让女孩胆小畏缩的咒语。而这，却对女孩走上社会有着非常不利的影响。

因此，与其让女孩心惊胆战地防范身边的每一个人，还不如让她学会怎样应对陌生人的方法。对于如今多数只有一个宝贝女儿的家庭来说，防患于未然是十分有必要的。

很多家长会有这样的矛盾，安全和信任，哪个更重要？如果为了安全而不让女孩跟陌生人接近，这样不但会让女孩见到陌生人就畏畏缩缩、一句话也不敢说，还会让女孩成为一个自私、多疑、心理不健全的人。

要想解决这个矛盾，那么父母就应当教给女孩一些应对陌生人的方法。

★ 让女孩学会接陌生的电话

相信很多父母都会有这样的问题，怎么才能让女孩在电话里得体地应答，听上去既有礼貌，又避免透露一个人在家的情况呢？其实很简单，父母要告诉女孩，如果你一个人在家时，接到了陌生的电话，这时不要告诉对方家里的信息，不能说："现在我爸爸妈妈不在家，请你另外时间再打过来。"而应当说："我妈妈现在在洗澡。"或"我爸爸在下面买菜，一会儿他上来后，你再给他打。"

★ 教女孩不要给陌生人开门

很多女孩都喜欢帮助父母做一些力所能及的事情。无论是电话还是有敲门声，女孩常常都会抢在父母的前面去处理。当然，这是好事，不过其中却隐藏着安全隐患。很多不法之徒常常会骗小孩开门，然后入室行窃，不要以为这种事不可能发生，一旦发生后悔就晚了。

父母可以提高女孩应对陌生人的能力，要告诉她不能给陌生人开门，并教女孩听到有人敲门后该如何去做。例如，可以问："你找谁？"再问："你是谁？"最后说："请你等一下，我去叫爸爸或妈妈给你开门。"敲门的除了是自家人外，都不要让女孩自己去开门。父母为了巩固和加深女孩这方面的记忆，可以在女孩按照要求做了以后，及时给予肯定，以此来强化女孩的这种意识。

很多时候，女孩单独在家时，会有收物业费、送牛奶等的人敲门。这时，父母要告诉女孩，当遇到这种情况时，一定不要开门，可以让他们把收费单或牛奶放在门边，或者给爸爸妈妈打个电话，让他们下次再来。对于年纪大一点的女孩，父母可以给她列一个单子，告诉她哪些人来了可以开门，比如爷爷、奶奶、外公、外婆等亲戚。

★ 让女孩学会分辨坏人

让女孩学会识别坏人，这是女孩将来面对复杂社会和陌生环境的重要准则。那么，怎样引导女孩自己思考，学会识别"过分热心"的人呢？父母可以通过游戏来教女孩，比如"老虎老虎几点了"的游戏。

这个游戏很简单，但参与性很强：父母扮成"老虎"走在前面，女孩扮演"小羊"走在后面。游戏的台词只有一句："老虎老虎几点了？"这时"老虎"要回答"多少点了"，如"8点了"、"4点了"等。但是，当"老虎"喊出"天黑了"的时候，便会露出狰狞的面目，猛地回过头来追赶"小羊"。而"小羊"则要马上逃跑，避免被捉住"吃掉"。

玩这个游戏的时候，父母要告诉女孩，"老虎"就是坏人，就是要吃她的人。等做完游戏后，父母还可以静下心来跟女孩讨论，什么样的人是"老虎"。比如：在女孩后面追赶的陌生人；眼神飘忽不定、四下张望的人；表情凶恶、狰狞的人；手里拿着棍子、刀等凶器的人等。为了让女孩有深刻的印象，父母还可以进行现场模拟。

★ 女孩不要跟陌生人走

相信很多父母都告诉过女孩不要跟陌生人走，也向她说明过这样做的原因。那么，怎么来教导孩子呢？父母可以给女孩介绍一些拐卖儿童的事例，给她读报纸杂志上的报道，让她看相关的教育类电视节目等，让女孩了解跟陌生人走的后果。

父母还必须告诉女孩，假如有人套问她"家在什么地方"，"父母是做什么工作的"，"你在哪家幼儿园上学"，"平时都是什么人接你放学"等相关问题，那么就尽量不要跟这个陌生人说话，就要把他划归到有"热心过度"嫌疑的人当中。同时，还要教育女孩不能跟"热心过度"的陌生人一起走，也不能随便吃他给的零食。此外，父母还要跟女孩强调一点，除非爸爸妈妈同意，否则千万不能坐陌生人的车子。

不过，如果父母今天的确有事，让朋友或者同事来接女孩，那怎样才能让女孩知道眼前这个陌生人是"好人"呢？方法很简单，事先父母应该与女儿设定一个"安全口令"，这个陌生人只有说出这个"口令"，那么就可以跟他走，否则甭管他说得天花乱坠，也不能信任他。

★ 告诫女孩不要接受陌生人的礼物

生活中经常发生这样的案例，犯罪分子经常利用孩子心智不健全、分辨事物的能力不强等特点，用一些小礼物来博取孩子的好感。这些犯罪分子，将含安眠药、致幻药物的食物给孩子吃，一旦孩子上当，那么他们就将孩子带走，实施拐卖、绑架勒索等犯罪活动。

因此，父母要教育女孩不能轻易接受陌生人的礼物，以防被骗。另外，不接受陌生人的礼物，还可以让女孩从小养成"天下没有免费午餐"的意识，从而可以杜绝不劳而获的思想，养成正确的人生观和幸福观，让女孩可以健康、快乐、安全地成长。

5.让女孩学会保护自己

教会女孩怎样防范性骚扰，是非常有必要的，也是非常紧迫的问题。

这天，果果一个人在小区里玩。这时，有一个陌生的男人从背后摸了摸她的小屁股，接着又摸摸她的脸，最后反反复复地在她的身上乱摸。并且，嘴里还夸她是个美丽的小女孩，还说有一件漂亮的衣服想送给她。最后，果果的妈妈突然回来了，于是果果便把这件事告诉了妈妈。妈妈听后，吓出了一身冷汗，这才意识到女儿对性知识的了解太缺乏了。

　　生活中，很多父母对于女孩的性教育问题，不是避而不谈，就是让女孩"自我摸索"。如今，性骚扰不仅成为了困扰成人社会的问题，而且还有向"低龄化"发展的趋势。因此，父母让女孩知道一些基本的性知识，并教会女孩怎样防范性骚扰，是非常有必要的，也是非常紧迫的问题。

　　当前，随着社会的发展，社会各界对儿童遭到性侵害的现象已经有了足够的重视。但是，对于普遍的儿童性骚扰，关注度却有些不够。有专家介绍，虽然一般的儿童性骚扰不至于发展到性侵害的地步，但是性骚扰却会对女孩的心灵产生长期乃至终身的伤害。

　　现今，性骚扰的方式各式各样，不仅是传统意义上的、行为上以及语言上的"耍流氓"，还产生了一些新的形式，如网上聊天、手机短信等，这些都是性骚扰的一种。有人做过这样一份调查：受到性骚扰的女孩，大约有 2/3 会产生羞辱感、抑郁感，甚至还会形成对异性的恐惧，这可能会影响到女孩将来交男朋友，甚至影响到她的婚姻生活。因此，父母对于这样的问题，应当有着必要的警惕。

　　那么，如何教会女孩防范性骚扰，让她健康快乐地成长呢？

　　★ 让女孩知道必要的性知识

　　生活中，有很多女孩并不知道什么是性骚扰，她们只是对对方的行为感到厌恶。而有的父母很少和女孩谈论性骚扰方面的话题，因此，女孩常常受到了伤害，而父母却毫不知情。这样，久而久之，女孩的心理便会受到很大的伤害。所以，在女孩的成长过程中，让女儿了解一些性知识，让她知道什么是性骚扰，并让她学会防范性骚扰，这是父母的一大重要职责。

　　在通常情况下，女孩成长到十几岁的时候，便会对男孩以及自己的身体产生兴趣。随着社会的发展和生活条件的改善，越来越多的女孩第二性征开始早早地来临：女孩的乳房开始突起，月经初潮来临。也正是在这个时期，女孩受到性骚扰的情况开始凸现。比如，有些同龄的男孩会对着她变化的胸部说说笑笑，也会有一些图谋不轨的成人和不法分子盯上了她。因此，当女孩第二性征出现的时候，父母需要及时地教育她学会保护自己，并让女孩遵循这样一个原则：自己的身体，除了爸爸妈妈和检查身体的医生外，任何人都不可以去触碰。尤其是隐私处，更不能让他人接触或者窥视。

★ 让女孩学会保护自己的方法

如果女孩知道了一些性知识后，那么她就有了一定的自我保护意识了。这时，当女孩再遇到一些性骚扰的问题，那么她就不仅仅是害怕，而是会主动采取一定的措施来保护自己。并且，当女孩知道性骚扰是怎么一回事以后，假如真的遇到类似的事情，那么她的心理伤害也会减小到最低。

夏小沫的父母比较早地对夏小沫进行了性教育。在夏小沫 6 岁的时候，父母是这样对她进行性知识和自我保护知识教育的：不能跟陌生人走，不管是男人还是女人；在学校要上厕所时，需要和同伴一起去；如果有人想让你脱衣服，那你有权拒绝，不管是你的好朋友、老师或者家长认识的熟人。为此，夏小沫的父母还为她假设了很多种情况，并且告诉她如果遇到这些情况时，应当怎么处置。比如："父母不在家时，一个男生要你和他一起回家，这时应当怎么办？""跟父母很熟的一位叔叔让你坐到他的膝盖上，并且长时间不让你下来，这时你要怎样去做？""有人让你把衣服脱了，你需要怎样去做？"小沫的父母告诉她，如果一旦遇到这些情况，那么最好的也是唯一的解决方法就是：对其说"不"、逃走或者告诉家长。

此外，作为父母的你还要记住一点，在对女孩进行性知识和一些防范性骚扰教育的时候，首先要克服自身的害羞心理，尽量用平和、舒缓的语气教育女孩。假如发现女孩受到了伤害，这时千万不能责备她，因为这样不但会让女孩受到更大的伤害，还会对她的成长造成非常不利的影响。

6.面对勒索，让女孩从容应对

冷静是应对突发事件的有力武器，任何时候女孩都要记住这一点。

芳芳今年上初二，上个学期的一段时间，她每天放学在回家的路上都会遇到几个高年级的学生。他们威胁芳芳以后每周必须交 20 元的保护费，否则不准上学。如果告诉家长或老师，那么见一次就要打一次。由于害怕，芳芳不敢把这件事告诉任何人。就这样，芳芳每天从早餐钱中省下一部分钱，再加上向父母要一点，到周五凑齐交给那些高年级学生。直到有一天，她再次交钱的时候被前来接她的爸爸发现，这才到派出所报了案，结束了芳芳这段恶梦。

现实生活中，女孩遇到勒索是最常见的一种情况：有许多女孩都遭到过比自己年龄大的学生或社会不良青年的敲诈。如果遇到这种情况，那么保持冷静，让头脑清醒是制胜的关键。为此，父母在平时要鼓励女孩克服内心的恐惧，教会她解决问题和保护自己的方法。

其实，女孩的安全问题，一直以来都是父母心头挥之不去的"心病"。我们从勒索者的身份结构来分析，这些人大多是学校里的"小霸王"，或是家住学校附近的辍学的不良少年。他们常常倚仗年龄、身体的优势，或强行抢夺，或以借钱的名义敲诈索要。

有这样一组数据，是广东省青少年研究中心的调查报告：在一些市、县的小学、中学，至少有 15% 的学生受到他人的勒索侵害，而有的学校甚至高达 25%。

面对频频出现的勒索现象，学校有时也会力不从心。这时，面对勒索，如果女孩缺乏必要的自救知识，那么很有可能会面临生命危险。因此，在教育女孩怎样应对勒索的问题上，父母要有深刻的认识。

★ 不要指责孩子

很多女孩都遭遇过勒索，可是这并不是她的错。然而，现实中，有一些父母在处理这些事情的时候常常会犯这样或那样的错误。有的父母会对女孩说："你看你，就是因为你平时太软弱，所以才会被人勒索，现在好啦!"父母这样做肯定是错的，要知道女孩本身就是受害者，内心已经非常的惶恐。这时，如果父母不开导她反而责骂她，那么她内心的恐惧感便会与日俱增，最终不可挽回。很多受到勒索的女孩之所以不敢告诉家长，就是怕被说成是"没用"、"软弱"。并且，父母这样指责女孩的话，还会伤害女孩的自信心，从而让她降低对父母的信赖，导致以后的不安全感更加强烈。

王老师做过 10 年班主任，她带的班级也曾发生过学生被勒索的事情。那天，她班上的一个女孩受到一个高年级学生的威胁，被"借去"了 30 元钱。后来，受勒索女孩的父亲知道这件事后，就气冲冲地来到学校，要找那个高年级的学生。

让王老师有深刻印象的是，在这期间，这位父亲喋喋不休地责骂自己的女儿"你怎么那么没用，也太懦弱了"。那个女孩原本是个很有自信，性格也非常开朗的学生，并且还是班上的文艺委员。可是，自从那以后，这个女孩变得沉默寡语，学习成绩也直线下降。

★ 告诉女孩怎样避免成为被勒索的对象

现实中，那些勒索者喜欢勒索的对象有两种，一种是性格柔弱的女孩；另一种是家境比较富裕且有意无意显富的女孩。有的勒索者在学校里打听到谁家里有钱，便会趁其上下学时在路上对其进行敲诈勒索。因此，父母平时应当注意不要让女孩携带太多的钱和贵重物品等，也不要让她显露自己的财物，防止被坏人惦记着。

此外，作为父母的你还应当告诉女孩，像学校僻静的角落、厕所以及楼道拐角等地方，都是经常发生勒索的地方，如果要去这些地方，那么就要特别注意安全，最好能与同学结伴前去。

★ 教会女孩怎样在危险中保护自己

如果意外已经发生，那么保护自身的安全才是最重要的。平时，父母要告诉女孩，如果遇到勒索，在没有脱离危险的情况下，千万不能当着勒索者的面报警，以防生命有危险。

在遇到勒索时，一般不提倡女孩采取正当防卫措施。因为罪犯在实施犯罪前，都会经过一番充分的准备，并且身上一般都会携带凶器。因此，从安全角度考虑，父母应当告诉女孩，遇到此类事情时，一定不要鲁莽行事，要沉着冷静、随机应变，寻找机会脱险，千万不能乱了方寸。

假如女孩真的处于不利的状况，那么可以故意说自己的亲友或同学就在附近，这样不仅可以壮声势，还能巧妙地迷惑对方，稳住对方。

晶晶以前在放学的路上，被几个小青年拦住进行勒索。晶晶急中生智，赶忙对迎面走来的一个男子大喊："爸爸，我等你好久了。"那几个小青年听到后，赶忙仓皇而逃。

此外，父母还需要经常告诉女孩，假如无法逃脱，那么就要学会做暂时的妥协。面对那些勒索者，如果直接进行反抗，自己可能会吃亏。这时，女孩可以暂时满足勒索者的要求，让自己可以脱身，事后再告知老师、父母。

★ 让女孩勇敢说出实情

生活中，有的女孩被勒索后不愿把这件事告诉家长和老师，更不敢去派出所报案。其实，这样的做法是不对的，这样做只能姑息罪犯，使得他们越发胆大妄为继续作案。

曾经有报纸做过这样的报道：有一名女生遭到社会青年勒索后，不敢告诉父母、老师，拿了自己的 500 元压岁钱给了歹徒。最后，等警方破案时，这个女学生已经被勒索近 5000 元钱。

因此，父母要在平时的生活中，经常教育女孩，一旦遭到敲诈勒索，一定要立即向父母、学校或者公安机关报告。因为如果不敢声张，不敢报警，那么不法之徒就会更加嚣张，从而一而再、再而三地进行勒索。所以，父母要让女孩知道，能保护她的只有家长、学校以及警方。也只有在这样的情况下，那些不法之徒才不敢继续威胁、侵害她。